일러두기

1. 해당 성경 본문으로 《새번역 성경》을 사용했습니다.

2. 인터넷에 사용한 댓글은 따옴표를 사용해 표기 했습니다.

"하나님이 아브람에게 말씀하셨다.

'나는 주다. 너에게 이 땅을 주어서 너의 소유가 되게 하려고,

너를 바빌로니아의 우르에서 이끌어 내었다.'"

창세기 15장 7절

하나님, 유튜브를 시작합니다

하나님, 유튜브도 사역인가요?

하나님 구독 좋아요 알람설정

유튜브에서 못다 한 신앙 이야기

새로 허락하신 땅
유튜브에 대하여

유튜브 활동을 목회로 정의하면 생각이 복잡해진다. 모든 영상이 복음과 문화의 균형을 이룰 수 없기 때문이다. 무엇보다 제작자와 시청자 사이에 간극이 있다. 제작자는 제한된 시간 안에 내용을 담아야 한다. 시청자는 해석한다. 물론 모든 시청자가 제작자의 의도를 이해할 필요는 없다. 세속 콘텐츠라면 말이다. 기독교 콘텐츠는 조금 다르다. 제작자는 영상을 통해 복음을 표현해야 한다.

기독교 유튜버는 사람을 설득할 줄 알아야 한다. 하나님께서도 우리를 설득하길 원하신다. 선지자들을 통해 예언하신 까닭도, 직접 인간이 되신 이유도 우리를 설득하기 위해서였다. 제자들은 예수님의 행동과 가르침으로 설득되었고, 보이지 않는 하나님을 보았다.

"그 말씀은 육신이 되어 우리 가운데 사셨다. 우리는 그의 영광을 보았다. 그것은 아버지께서 주신, 외아들의 영광이었다. 그는 은혜와 진리가 충만하였다."(요 1:14)

유튜브 문화 속에서 복음은 잘 표현되고 있을까?

2021년부터 기독교 유튜브는 하향세였다. 몇만이나 되는 구독자를 가진 채널도 구독자 수 1퍼센트 이하의 시청률을 보였다. 복음을 직접 표현하는 영상은 한계가 있다. 설교와 묵상, 찬양 외 콘텐츠는 전무하다시피 했다. 유튜브 내 기독교 콘텐츠는 정장밖에 없었다. 교회는 매주 예배라는 콘텐츠를 제공한다. 교회에서 제공하는 콘텐츠로 만족하지 않는 크리스천은 기독교 방송국의 영상을 시청한다. 둘은 비슷하다. 유튜브에서는 설교나 묵상처럼 복음을 직접 전하는 콘텐츠를 피해 보기로 했다.

교회나 방송국에서 하지 않는, 유튜브에서만 볼 수 있는 콘텐츠가 필요했다. 교회와 대형 방송국에서 할 수 없는 콘텐츠를 해보기로 했다. 흔히 말하는 B급 감성을 담은 영상 말이다. 새로움을 위해선 내가 가지고 있는 목회자병부터 버려야 했다. 카메라 앞에서마저 엄숙, 근엄, 진지하게 보이려는 경직된 마음이 나를 부자연스럽게 만들었다.

함께 일하는 최 PD의 아이디어를 참고해 '성경아재개그'

를 촬영했다. 촬영도 휴대폰으로 대충, 편집도 발로 하듯이 대충. 힘 빼는 일이 더 어려웠다. 망가지는 데 집중했다. '성경아재개그'는 인스타그램에서 꽤 인기를 끌었다. 성경을 넌센스 퀴즈로 풀어낸 콘텐츠였다.

"옷을 고르는 성경적인 방법은? 얘루 살램."

1탄은 25만에 가까운 조회수를 기록했다. 정답을 맞추지 못해 자존심 상한다는 댓글도 있었고, 어이없어서 웃고 간다는 댓글도 있었다. 기획은 성공이었다. 사람들이 행복해하니 나도 행복했다. 촬영과 편집의 부담이 줄어드니 과정도 즐거웠다.

어떤 분들은 높은 조회수를 얻기 위한 콘텐츠라고 비판하셨다. 사실 맞다. 높은 조회수를 싫어하는 유튜버가 어디 있을까? 조회수가 높다는 말은 많은 분들이 시청하셨다는 뜻인데, 그만큼 예수님을 많이 떠올리게 했다는 이야기도 되지 않을까 싶다. 게다가 그분들의 비판을 가볍게 여기지 않았다. 하나님께서 주의를 주신다고 생각했다. 내면에 도사린 세속적인 야망을 경계하라는 말씀으로 들렸다. 나는 기독교 유튜버 1세대다. 앞서간 이들이 없기 때문에 모든 기준을 새롭게 정해야 했다.

여호수아 5장을 묵상하며 마음을 다잡았다. 여호수아는 꿈에 그리던 가나안 입성과 정복 전쟁을 앞뒀다. 언제 전쟁이 시작되어도 이상하지 않았다. 그때 하나님께서 갑작스럽게 할례를 명하셨다. 자살행위다. 할례를 한 이스라엘은 움직일 수 없어 무력해지기 때문이다. 적군을 앞에 두고 할 일이 아니었다. 하지만 여호수아는 하나님 말씀에 순종하여 모든 군사에게 할례를 명했다. 가나안 정복 전쟁에 있어 가장 경계해야 할 위협은 적군이 아니었다. 진정한 적은 하나님 앞에 경건하지 못한 내면에 있었다. 유튜브는 새로운 가나안이다. 새로운 땅에 진입하려면 하나님 앞에 바로 선 영성이 필요했다. 하나님을 향한 진심이 중요하다. 사실 젖과 꿀이 흐르는 가나안인지, 광야인지 아직 모르겠다. 하지만 하나님께서 계신 곳이 가나안이든 광야든 무슨 상관일까?

"주님의 군대 사령관이 여호수아에게 말하였다. '네가 서 있는 곳은 거룩한 곳이니, 너의 발에서 신을 벗어라.' 여호수아가 그대로 하였다." (수 5:15)

동역자들에게

목회자의 삶만큼, 유튜브에서도 진솔한 모습을 보여야 합니다. 이 책에도 저의 솔직한 모습을 나눕니다. 굳이 숨기려거나 포장하려고 하지 않았습니다. 불가능하다는 사실을 아는 까닭입니다. 기독교 유튜버 1세대로서 겪어야 했던 기독교인의 방황과 노력, 간증을 담았습니다. 고민하고 방황하는 기독교 독자들에게 공감과 위로가 되었으면 하는 바람입니다.

그런 의미에서 책의 1천 권에 대한 수익은 다른 사람들을 위로하는 데 사용하기로 했습니다. 책을 통해, 그리고 책으로 인한 수익을 통해 하나님 나라가 진심으로 확장되길 기원합니다.

"주님께서 몸소 생명의 길을 나에게 보여 주시니, 주님을 모시고 사는 삶에 기쁨이 넘칩니다. 주님께서 내 오른쪽에 계시니, 이 큰 즐거움이 영원토록 이어질 것입니다."(시 16:11)

하나님,
유튜브를
시작합니다

하나님께서 모든 일을 계획하시고, 인도하시지만, 인간의 입장에서 알 도리가 없습니다. 때로는 슬픔과 고난으로 인도하셨다가 새로운 길을 여십니다. 이제는 하나님을 믿고 멀리 보려합니다.

"주님께서는 내 통곡을 기쁨의 춤으로 바꾸어 주셨습니다. 나에게서 슬픔의 상복을 벗기시고, 기쁨의 나들이옷을 갈아 입히셨기에 내 영혼이 잠잠할 수 없어서, 주님을 찬양하렵니다. 주, 나의 하나님, 내가 영원토록 주님께 감사를 드리렵니다."(시편 30:11-12)

하나님 없는 개척

▶ ▶❙ ◀⅃))

담임목사님께서 청년부를 맡겨주셨다. 사람도 없고 시스템도 없었다. 인프라가 전혀 구축되어 있지 않았지만, '할 수 있다'는 자신만은 넘쳤다. 내가 담당하기만 하면 청년들이 몰려들 것이라 확신했다. 그렇게 3명의 청년과 청년부를 개척했다.

청년부가 부흥할 수 있는 방법은 전도였다. 작은 교회로 자진해서 찾아올 기독교 청년은 아무도 없겠지만, 수평 이동은 받지 않기로 했다. 안티 크리스천과 가나안 청년만 전도하기로 결심했다. 순수하지만 무모했다. 열심히 전도한 끝에 3년만에 20여 명을 전도했다. 7배 가까운 성장이었다.

누구나 편하게 방문할 수 있는 문턱 낮은 청년부를 만들기 위해 노력했다. 사람들이 듣기 좋아하는 설교를 해야 교회의 진입장벽을 낮출 수 있을 듯했다. 누구에게나 위로가 필요하니까. 복음을 이야기하기보다는 철학이나 심리학, 감상적인 내용을 주로 설교했다. 복음의 능력을 과소평가했다. 복음이 인간의 실존에 진정한 위로를 준다는 사실을 깨닫지 못했다.

우리의 마음에는 절대적인 영역과 상대적인 영역이 있다. 절대적인 영역은 오직 하나님만으로 채워야 한다. 우리는 서로 사랑하고 사랑받지만, 헛헛한 마음이 들기도 한다. 영원할 것 같던 사랑하는 마음이 사라지기도 한다. 결국 마음의 채울 수 없는 부분은 하나님께 맡겨야 한다. 하나님을 알지 못하는 사람들은 절대적인 영역을 상대적인 것들로 채우고자 노력했다. 권력과 부와 성적 욕망으로는 하나님을 대신할 수 없었다. 절대적인 영역은 하나님으로만 채울 수 있다.

때론 따끔한 이야기도 할 수 있어야 한다. 듣기 싫어하다가도 결정적인 순간에는 귀를 기울이기도 하니까. 우리도 옳은 말을 하는 사람을 눈엣가시처럼 여기지만 인정하기도 한다. 마가복음 6장에 등장하는 헤롯왕은, 자신을 비판하는 세례요한을 미워하면서도 동시에 존경했다. 헤롯왕은 요한이 의로울 뿐 아니라 하나님을 전하는 거룩한 사람임을 알고 있었다.

"헤롯이 요한을 의롭고 거룩한 사람으로 알고 두려워하여 보호하며 또 그의 말을 들을 때에 크게 번민을 하면서도

달갑게 들음이러라." (막 6:20)

개척 3년 차, 복음다운 복음을 들어보지 못한 청년들이 교회를 떠났다. 어떤 청년은 유학을, 또 다른 청년은 워킹홀리데이를 갔다. 지방으로 취업하거나 이사를 가는 청년들도 있었다. 마지막으로 밥을 사줘 가며 붙들고 있던 청년들까지 떠났다. 각기 다른 이유로 떠났지만, 내 책임이라는 사실만은 분명했다. 대체 무엇이 잘못되었을까? 복음을 전하지 않았던 내가 보였다. 교회 밖과 똑같은 이야기를 한다면 굳이 교회에 올 이유가 없었다. 교회에서만 알 수 있는 인생의 진리. 복음이 필요했다.

부랴부랴 복음 관련 프로그램을 만들었다. 사랑의교회 '제자훈련', 온누리교회 '일대일 양육', 선한목자교회 '나는 죽고 예수로 사는 사람' 등의 교재를 함께 공부하고 매주 심방을 갔다. 심방비만 한 달에 기백만 원씩 사용했다. 할 수 있는 모든 일을 다 했지만, 성과는 없었다. 40프로에 가까운 인원이 한순간에 교회를 떠나니 분위기가 다운됐다. 출석 인원이 예배의 분위기를 좌지우지한다는 사실을 그때 알았다. 개척 초기까지만 해도 내가 청년부를 맡기만 하면 부흥이 일어날 줄 알았다. 부흥의 주체가 '나'라고 생각했다. 철저한 오판이었다. 나는 성실과 겸손함을 배워야 했다.

전도사지만
배달로 생활합니다

▶ ▶❙ 🔊

틈틈이 할 수 있는 아르바이트가 필요하던 차에, 배달의 민족(이하 배민)은 가려운 마음을 긁어주었다. 전도사로 헌신했지만, 현실적으로 돈이 부족했다. 이리저리 알바를 찾아다니다 배민이 눈에 들어왔다. 배달의 민족의 민트색 헬멧과 가방은 너무나 매력적이었다. 사역 이외 자투리 시간을 활용할 수 있고, 자전거를 타고 배달하며 운동할 수 있다는 사실이 좋았다.

나는 새로운 일을 시작하는 것 자체가 두려워, 확실한 동기가 있어야 시작하는 편이다. 자전거를 타다가 넘어지지는 않을지, 배달하는 음식이 엎어지지는 않을지, 시간은 잘 맞출 수 있을지 두려웠다. 그럼에도 배달해야만 하는 강력한 두 가지 동기가 있었다. 청년들에게 밥을 사줄 수 있는 비용이 필요했고, 영상 편집용 컴퓨터를 업그레이드해야 했다.

청년들을 심방하며 대략 한 달에 100만 원 이상의 식사비용을 지출한다. 목회자에게는 큰 금액이다. 때로는 밥 좀 그만 사라는 충고도 듣는다. 너도 미래를 준비해야 하지 않겠느냐고, 혹은 청년들 버릇이 나빠진다고 이야기하시는 분들도 계시다. 모두 일리가 있는 이야기이다.

목회에서 식사에 대한 나의 신념은 확고하다. 식사만큼 사람과 사람을 친밀하게 만들어주는 방법을 아직은 찾지 못했다. 교회는 밥상 공동체다. 영의 양식인 하나님의 말씀을 나누고, 육의 양식인 밥을 함께 먹는다. 예수님의 가르침도 식사와 연관 있다. 예수님의 첫 번째 표적은 가나의 혼인 잔치에서 포도주를 만드신 사건이었고, 보리떡 다섯 개와 물고기 두 마리로 5,000명을 먹이셨다. 최후의 만찬에서 십자가를 예언하셨고, 성찬에 대해 가르치기까지 하셨다. 예수님의 사역은 식탁에서 시작하여 식탁에서 끝났다고 봐도 되지 않을까?

"예수께서 길을 가시다가, 알패오의 아들 레위가 세관에 앉아 있는 것을 보시고 말씀하셨다. '나를 따라오너라.' 레위는 일어나서, 예수를 따라갔다. 예수께서 그의 집에서 음식을 잡수시는데, 많은 세리와 죄인들도 예수와 그의 제자들과 한 자리에 있었다. 이런 사람들이 많이 있었는데 그들이 예수를 따라왔던 것이다. 이것을 본 바리새파의 율법학자들이 예수님의 제자들에게 '어째서 당신들의 선생은 세무원이나 죄인들과 함께 식사하시오?' 하고 물었다. 예수님은 그 말을 들으시고 이렇게 말씀하셨다. '건강한 사람에게는 의사가 필요 없고 병든 사람에게만 의사가 필요하다. 나는 의로운 사람을 부르러 온 것이 아니라 죄인을 부르러 왔다.'" (막 2:14 –17)

밥을 살 때, 나만의 철칙이 있다. 아무 이유 없이 식사를 대접한다. 친교 이외의 이유와 목적은 최대한 자제한다. 목회자와의 식사는 부담스럽기 마련이다. 이미 식사 안에 '교회를 잘 나와야 한다'라거나 '신앙생활을 열심히 해줘'라는 권유가 깔려있기 때문이다. 가뜩이나 목회자와 식사는 부담스러운데, 한 끼 사면서 부탁하면 상대방은 정말 난감하다. 청년에게 밥 한 끼 사는 게 뭐가 대수라고 부탁까지 할까? 예수님께서 베푸신 사랑만큼은 아니라도 사주고 싶고 베풀고 싶다.

청년들의 이야기도 듣고 싶다. 같이 밥을 먹고 나면 정서적 거리가 가까워진다. 곧 그들은 먼저 본인의 이야기를 꺼낸다. 밥을 사고, 사소한 이야기를 나누다가 그냥 헤어진다. 조건 없이 식사하다 보면, 청년들도 목회자의 마음을 느낀다.

　　청년들과 식사는 즐거운 반면, 경제적 문제는 평생의 숙제다. 한때는 자책했다. '하나님의 일을 하는데 왜 재물을 허락해주시지 않지? 내가 무언가 잘못했나?' 이제는 고민하지 않기로 했다. 정답은 없다. 바울도 노년에 텐트를 만들지 않았던가. 지금까지 돈 없이도 잘 헤쳐왔다. 지금도 배민을 열심히 하고 있으니까 청년들에게 밥을 사줄 수 있다. 물론 돈이 많으면 더할 나위 없이 좋겠지만 돈이 많고 적음에 사역의 승패가 달리지 않았다.

　　"하나님께서는 이렇게 위험한 죽음의 고비에서 우리를 건져 주셨고, 지금도 건져 주십니다. 또 앞으로도 건져 주시리라는 희망을 우리는 하나님께 두었습니다."(고후 1:10)

　　모으다가 망한 사람의 이야기는 들었어도 베풀다가 망한 사람의 이야기는 들어보지 못했다. 그리고 하나님께서 돈 때문에 실패하게 두지 않으시리라는 믿음도 있다. 내 할 일을 열심히 할 뿐이다. 자전거 페달을 밟는다. 페달을 밟을수록 청년들과 정서적 거리가 좁혀진다.

 "나는야 배민 (전도사)"

공황장애,
유튜브를 시작합니다

▶ ▶❙ ◀))

　현관문을 나서는 일이 버거웠다. 사람을 만나길 좋아했지만, 두려웠다. 좁은 공간에 들어가거나, 스트레스를 받으면 호흡곤란이 찾아왔다. 단순히 코가 막힌다던가, 기침이 나거나 하는 간단한 문제가 아니었다. 마치 물에 빠진 듯 숨이 쉬어지지 않았다. 거대한 어두움이 물밀듯이 마음을 휩쓸었다. 동물들도 공황 상태를 경험한다고 들었다. 육식 동물은 적을 만나면 싸워서 이길 생각을 한다. 초식 동물은 적을 만나면 도망간다. 싸울 수도 도망갈 수도 없는 순간들을 마주하면 공황에 빠진다고 한다.

　수요예배 설교를 위해 집을 나설 때였다. 신발을 신으려는 찰나, 갑자기 머리가 핑─ 돌더니 다리가 휘청였고 동시에 구토가 올라왔다. 곧장 화장실로 달려갔다. 헛구역질이 계속 올라왔다. 그렇게 화장실 변기를 붙잡고 얼마나 지났을까.

딩동, 딩동. 누군가 자취방 초인종을 누르기 시작했다. 정신을 차려보니 화장실 양변기 옆에 엎드려 있었다. 5평의 원룸에는 이미 밤이 내려앉았다. 휴대폰 시계를 보니 밤 열 시였다. 아마 다섯 시간도 넘게 쓰러져 있었나 보다. 급히 문을 열어보니 담임목사님께서 서 계셨다. 연락도 없이 수요예배 설교를 펑크낸 경우는 처음이라 걱정이 앞선 목사님께서 자취방을 방문하셨다. 가만히 목사님께서 나를 응시하셨다. 곧 젊은 전도사의 정신에 무언가 문제가 생겼다는 사실을 알아채셨다. 수십 년 목회의 감은 날카로웠다.

하나님은 살아계심니다

"너 오늘부터 월급 줄 테니까 출근하지 마. 대신, 내일 일어나자마자 정신과 가서 진료받고 약 먹어. 너 지금 너무 열심히 해서 정신이 무너진 거야."

상황판단이 되지 않았다. 나에게 어떤 징후가 생겼다고 짐작했다. 조처해야 한다는 목사님의 의견에 동의했다. 잠시 침묵하다가 입을 열었다.

"목사님, 의학 또한 하나님의 은총이니, 병원에서 약을 처방받는 게 이상한 일은 아닌데요. 그런데 이번만큼은 기도와 말씀으로 이겨내고 싶어요. 약에 의지하면 정말 아무것도 할 수 없을 것만 같아요. 주일예배는 이전처럼 설교할게요. 대신 한 달 정도만 수요예배와 금요예배를 내려놓았으면 합니다."

내가 쓰러진 원인은 너무 잘하려고 했기 때문이다. 신학대학원에 입학하고 목회자로서 첫걸음을 떼었다. 하나님께 내 인생을 드리기 위해 목회자가 되었다. 나름 세속적인 부와 명성을 포기하고 목회자의 길에 들어섰다. 목회자가 된 나를 보니, 유능함을 증명하고 싶은 욕망으로 가득 차 있었다. 당혹스러웠다. 하나님을 위해 헌신하고 싶은 마음도 100 퍼센트였고, 나를 증명하고 싶은 마음도 100 퍼센트였다. 하나님을 위해 헌신하는 것도 맞지만, 내 야망을 이루기 위해 분주히 움직였다. 결국은 개인적 야망을 '하나님의 일'로 포장했고 자신을 속였다.

"성경에 이렇게 기록되어 있습니다. 의인은 없다. 한 사람도 없다. 깨닫는 사람도 없고, 하나님을 찾는 사람도 없다. 모두가 곁길로 빠져서, 쓸모가 없게 되었다. 선한 일을 하는 사람은 없다. 한 사람도 없다."(롬 3:10-12)

큰 교회로 가서 목회 엘리트 코스를 밟고 싶었다. 초대형

교회에서 스카우트가 오기도 했다. 적어도 작은 교회보다는 할 수 있는 일도 많았고, 이후에 많은 기회를 기대할 수 있었다. 하지만 내 뜻대로만 결정할 수 없었다. 기도했다. 기도를 하지 말았어야 했다. 기도만 하면 내 생각과는 정반대로, '작은 교회에 있어야 한다'라는 마음이 들었다. 울며 겨자 먹기로 작은 교회 사역을 계속했다.

오히려 작은 교회를 선택한 나는 교만해졌다. '나는 큰 교회에서 훨씬 큰 성장과 사역을 감당할 사람인데, 작은 교회에 있어 주는 거야'라고 여겼다. 마음에 교만의 기류가 흘렀다. 그러다 보니 하나님의 일을 한다고 했지만 자신의 일을 하고 있던 마음의 괴리로 인해 공황이 오지 않았을까 스스로 진단했다.

기분을 전환할 겸 치킨을 주문했다. 닭다리를 뜯자 눈물이 흘렀다. 두 가지 생각이 내 마음을 울렸다. 첫째, 나는 이 정도밖에 안 되고, 스스로 자초한 어려움도 극복하지 못하는 쓰레기였구나. 둘째, 이런 나를 위해 예수님께서 돌아가셨구나. 이날, 나는 마지막으로 회심했다. 초등학교 4학년 때 하나님을 만났고 고3 때 성령을 체험했지만, 내 자아는 서른셋이 되어서야 철저히 무너졌다. 화장실에서 쓰러지지 않았다면, 나는 여전히 내 자신의 욕심을 위해 뛰어다녔을지 모른다. 예수님께서 십자가를 지셨던 나이가 되어서야 그분을 마음속 진정한 주인으로 받아들였다.

지금까지 목회가 어려웠던 이유는 환경 탓이라고 생각했다. 도와주는 사람도 없었고, 경제적 지원도 부족했다. 그때서야 내 방법과 마음의 문제라는 사실을 깨달았다. 새롭게 시작하고 싶었다. 내가 매일 보던 스마트폰 속 유튜브가 플랫폼으로 보이기 시작했다. '유튜브로 복음을 전해보면 어떨까? 큐티 영상을 찍으면 청년들도 더 쉽게 말씀을 접할 수 있지 않을까?'

하나님, 유튜브를 시작합니다

 "기독교 유튜버와 공황장애"

내 컴퓨터 왜 이래요?
하나님?

▶ ▶l ◀))

    유튜브를 하기 위해 노트북을 구매했다. 채 1킬로그램이 나가지 않는 아담한 녀석이었다. 고사양은 아니었지만 컷 편집을 하기에는 충분했다. 이대로 행복한 유튜브 라이프를 즐기면 되는 줄 알았다. 오산이었다. 유튜브를 시작한 지 몇 개월 만에 트렌드가 변했다. 언젠가부터 자막을 곁들인 영상들이 많아졌다. 영상 아마추어였던 나도 시대의 조류에 편승하고자 자막을 입력했다. 떡상(갑작스런 상승을 뜻하는 말)의 길이라 믿었다. 갑자기 컴퓨터가 괴성을 지르기 시작했다. 10초가 지나서야 자막이 입력될 정도로 힘들어했다. 한 글자를 입력할 때마다 10초를 기다려야 하니 인내심이 바닥을 치고, 폭발할 지경이었다.

    새로운 컴퓨터 구매를 결정했다. 경제적인 문제로 고통을 겪고 있던 때라 쉬이 결정하지 못하고 아이쇼핑만 했다. 고

사양의 영상전용 노트북은 비싸고 무거웠다. 스스로 타협했다. '컷 편집과 자막 입력 용도인데 성능이 과할 필요는 없지 않을까? 가격도 가격이지만 무게가 부담되는데?' 결국 적당한 선에서 새로운 노트북을 구매했다. 내 인생 첫 12개월 할부였다. 얼마 안 가 또 다른 변수가 생겼다. 하나님께서 기적적인 방법으로 카메라를 업그레이드해주셨다. 카메라를 주신 하나님께 감사하는 동시에 큰 문제가 생겼다. 카메라가 좋아지니, 새로 구매한 두 번째 노트북마저 괴성을 질러대기 시작했다. 좋은 카메라로 찍은 고화질 영상 때문에 컴퓨터에 무리가 갔다. 자막을 치고 10초를 기다렸던 과거가 행복할 지경이었다.

처음부터 돈을 투자하여 좋은 제품을 구매하는 것이 오히려 절약하는 길이다. 좋은 컴퓨터 한 대를 구입했다면 기백만 원은 절약할 수 있었다. 아끼려다 보니 돈을 더 썼다. 결국 성능이 좋은 데스크탑을 구매하기로 마음 먹었다. 노트북 두 대를 두고 새 컴퓨터를 구매하려니 속이 쓰렸다. 하지만 구입했던 노트북들도 나름의 쓰임이 있으리라. 처음 구매했던 노트북은 문서용으로 가볍게 사용하고 있고, 두 번째 노트북은 새롭게 만든 교회 방송실에 헌물을 드렸다. 어쩌면 하나님께서는 헌물할 것까지 염두에 두셨을까?

유튜브도 사명감이
필요합니다

▶ ▶▮ ◀))

액션캠(활동량이 많을 때 사용하는 소형 카메라)이 필요했다. 50여만 원 정도인데, 하나님께 기도하기도 민망했다. 그동안 너무 많이 도와주셨으니까. 하나님께 죄송한 마음에 내가 가지고 있는 돈으로 사기로 했다. 내 돈도 하나님 돈이긴 하지만……

구매를 하기로 한 날, 지인이 50만 원을 보냈다. 그가 내 사정을 알 리 만무했다. 기도하는 도중 '이종찬 전도사에게 50만 원을 보내라'라는 강한 이끄심을 느꼈다고 했다. 평소였다면 받지 않았겠지만, 우연이라고 생각하기에 타이밍이 완벽했다. 하나님의 배려라고 느낄 수밖에 없었다.

왜 기적이 일어났는지 알 수 없었다. 기도를 충분히 했기 때문도, 하나님의 일을 열심히 했기 때문도 아니다. 하나님의 성품에서 원인을 찾아야 했다. 하나님은 자녀 된 우리에게 더 좋은 것을 베풀어주고 싶어 하시고, 정확한 때에 필요한 만큼을 공급하신다.

"아무것도 염려하지 말고, 모든 일을 오직 기도와 간구로 하고, 여러분이 바라는 것을 감사하는 마음으로 하나님께 아뢰십시오. 그리하면 사람의 헤아림을 뛰어 넘는 하나님의 평화가 여러분의 마음과 생각을 그리스도 예수 안에서 지켜 줄 것입니다." (빌 4:6-7)

하나님의 사랑이란 이런 걸까? 하나님의 지원을 받으며 조금씩 유튜버에 대한 사명감이 싹텄다. 목회자는 근엄해야 한다는 이상을 가지고 있었기 때문에 유튜브 세계에 발만 걸치려 했다. 좋은 교회를 만들기 위한 성장 과정 정도로만 이해했다. 하지만 하나님의 지원이 하나님의 응원이라는 생각이 들었다.

"종찬아, 열심히 해야지. 내가 응원한다니까?"

하나님의 말씀이 들리는 듯했다. 사명감이 일어나지 않을 수 없었다. 늘 기술적인 부분에 문제가 있다고 생각했는데, 유튜브를 사명으로 붙들자 영상 다루는 기술은 저절로 발전

해갔다.

자신이 생각하는 사명과 하나님께서 주신 사명은 다를 수 있다. 한 번 더 하나님의 응원을 받은 적이 있다. 내 생애 첫 카메라는 소니 A6400이었다. 아들이라고 부르며 끔찍이도 소중하게 여겼다. 덜렁대기 일쑤인 내가 카메라를 잃어버리거나 떨어뜨리는 경우가 전혀 없었다. 촬영 실력은 점점 향상되어 갔고, 실력이 늘어감에 따라 카메라를 업그레이드해야 했다. 마침 A7S3라는 고가의 시네마 카메라가 출시되었다. 가격이 500만 원을 넘었다.

내가 A7S3를 구매할 수 있으리라곤 생각하지 못했다. 아니, 아무리 가계를 들여다보아도 돈이 부족했다. 기도는 할 수 있지 않을까. 내 힘보다 하나님께 집중하기로 했다. 지금까지 인도해주신 분은, 돈이 아니라, 하나님이셨다. 내가 가진 유일한 확신이었다.

"아브라함이 고개를 들고 살펴보니, 수풀 속에 숫양 한 마리가 있는데, 그 뿔이 수풀에 걸려 있었다. 가서 그 숫양을 잡아다가, 아들 대신에 그것으로 번제를 드렸다. 이런 일이 있었으므로, 아브라함이 그 곳 이름을 여호와이레라고 하였다. 오늘날까지도 사람들은 '주님의 산에서 준비될 것이다'는 말을 한다." (창 22:13-14)

하나님께 내 영상을 보여드리기로 했다. '하나님 나 이만큼 영상 실력이 성장했어요. 이제 더 좋은 카메라가 필요해요.' 하나님은 필요를 아시는 분이라 정확한 때에 공급하실 것을 믿지만, 나도 최선을 다하고 있다는 사실을 보여드리고 싶었다. 하나님께서 내 기도를 꼭 들어주셔야 하는 건 아니다. 내가 하나님께 자유롭게 요청할 수 있듯, 하나님께서도 자유롭게 거절하실 수 있다. '30대 전도사의 결혼에 대한 생각: 내가 장가를 못 가는 이유'를 촬영했다. 지금 보면 부끄럽지만, 당시에는 꽤 한다고 생각했다. 나와 하나님과의 관계를 다루며 성경 지식도 전달하려고 했다. 영상을 만든 뒤 최신기종인 A7S3를 달라고 기도하기 시작했다. 기도문을 적곤 했는데, 우연히 내 기도문을 읽은 형님께 연락이 왔다.

"야! 네 기도문 읽고 인터넷에 검색해봤는데, 500만 원짜리 카메라네? 아니, 너는 대체 뭐 하려고 이런 고가의 카메라가 필요한 거야?"

"형님 너무 신경 쓰지 마세요. 그냥 기도만 하는 거예요. 기도만."

얼마 뒤 형님께 연락이 왔다. 카메라를 후원하고 싶어 하셨다. 고가의 장비이고 부담스러운 금액이라 꼬박 일주일을 거절했다. 하지만 형님께서 '부담스러워하지 말고 더 열심히 영상으로 사역해라'라고 말씀하셨다.

하나님은 이렇게 무서운 분이시다. '부담스러워하지 말고 영상으로 열심히 사역해라'는 말은 '하나님 사역이니 이제 사명감으로 할 때다'로 들렸다. 이제 유튜브도 사역이다. 유튜브의 존폐를 나 홀로 결정할 수 없게 되었다. 일 년 내에 새로운 카메라에 익숙해지는 것만이 하나님과 형님의 은혜에 보답할 수 있는 길이라고 생각했다.

부르심에 대해

다양한 사람들을 만납니다. 그중에는 유독 뛰어난 사람들도 있습니다. 그들과 만날 때에는 마음이 어렵습니다. 나도 모르는 사이, 저를 그들과 비교하기 때문입니다. '나는 왜 이 분들 같지 못할까?'

이때, 재빨리 생각의 흐름을 멈추어야 합니다. 그리고 나의 정체성을 떠올립시다. 모든 인생은 하나님께로 와서, 하나님께로 돌아갑니다. 우리가 소중히 여기는 돈, 인기, 명예, 매력, 건강이 티끌처럼 사라지는 순간이 올 겁니다. 인생은 불공평하지만, 결국 하나님 앞에 공평해지기 마련입니다.

우리의 인생에는 하나님의 부르심만이 남습니다. 다른 사람들과 나를 비교하느라 시간을 낭비하고 있지는 않으세요? 사람에게 집중하지 말고 하나님께 집중합시다. 하나님께서 우리에게 허락하신 오늘을 소중히 지켜나갑시다.

"사람이 마음으로 자기의 앞길을 계획하지만, 그 발걸음을 인도하시는 분은 주님이시다."(잠 16:9)

목회자가 유튜브를 시작해도 될까요?

▶ ▶| 🔊

유튜브로 복음을 전하는 행동은 신학적으로 문제가 없다. 복음은 시대와 문화에 따라 다양한 방식으로 표현되어 왔다. 선지서에서는 선지자의 예언으로, 복음서에서는 성육신하신 예수님으로, 사도행전에서는 성령의 능력과 교회를 통해 하나님께서 자신을 계시하셨다.

사람들은 종종 문화적인 방법을 세속적인 방법으로 착각하곤 한다. 중세 시대 때에는 신부들만 찬양을 부를 수 있었다. 성도는 세속에서 살아가는 부정한 존재였기에 찬양의 주체가 될 수 없었다. 피아노가 교회에 처음 유입될 때, 비슷한 진통을 겪었다. 세속적인 악기로 하나님을 찬양할 수 없다고 반박했다. 내 유년기에도 드럼이나 기타 사용을 반대하는 교회가 있었다. 지금은 신디사이저같은 전자 음악으로 찬양한다. 시대가 변하면서 하나님을 찬양하고 표현하는 방식도 변했다. 문화를 배척하기보다 흡수하여 복음의 도구로 사용한다는 점은 기독교를 전 세계에서 가장 영향력 있는 종교로 만들었다.

유튜브는 하나님의 새로운 도구다. 기독교의 복음을 전할 도구로 사용하지 않을 이유가 없다. 유튜브는 플랫폼이지만 영상을 올리는 사람에 따라 세속의 가치를 전달하기도 하고, 하나님의 가치를 전달하기도 한다. 사람에 따라 전달하는 내용이 달라진다면, 유튜브를 부정적으로 보기보다 복음의 도구로 사용하는 편이 좋다. 초대 교회부터 현대까지 교회는 늘 문화와 관련 있었다. 특정 지역의 언어를 쓰며, 특정 문화에 속했다. 문화를 수용하는 데 있어서 어떤 크리스천은 기쁘게 수용하고, 어떤 이들은 혐오했다. 수용과 혐오 자체가 기독교의 문화적 다양성을 증거한다. 실제로 우리 사이에서도 크리스마스를 예수님의 탄생일로 기념하는데 찬반이 나뉜다. 수용하든 하지 않든 둘 다 기독교 아닌가? 복음은 하나지만 표현 방법은 다양하다.

나도 유튜브를 복음의 도구로 쓴다는 사실에 편견이 있었다. 주변에서 긍정적인 답변을 주는 사람들도 없었다.

"유튜브로 사역을 하는 것. 문제는 없지만, 다시 생각해 보는 게 어때? 그냥 네가 하고 싶은 거 아닐까?"

사실 나는 클래식한 사람이다. '목회자'에 대한 이상적인 모습을 가지고 있었다. 신학적으로 모든 성도는 '왕 같은 제사장'이다. 모든 성도가 다 목회자다. 신학적으로는 그렇지만, 직업은 다르다. 나는 직업에 있어 구분된 성직자였고, '더욱더' 왕 같은 제사장의 경건하고 보수적인 모습을 마음에 그렸다. 유튜브를 하는, 스스로 망가지며 웃기는 목회자는 내가 그린 목사의 모습에 없었다.

유튜버는 자신의 솔직한 모습을 시청자들과 공유한다. 가공한 모습을 보이지 않아야 시청자와 가까워질 수 있다. 그에 반해, 웃어른들로부터는 절제하며 의젓한 목회자가 되라고 배웠다.

"목사라면 점잖아야지, 경망스럽게 행동하지 마."

마음이 많이 쓰였다. 나는 얼마나 솔직하게 사람들을 대할 수 있을까? 솔직한 모습을 보이면서 경건한 모습을 보일 수 있을까? 여전히 고민하며 영상을 제작한다. 당연히 인기는 없었다. 단지 하나님께서 주신 사명이라 믿으며 영상을 촬영하고 편집했다. 그리고 아무 일도 일어나지 않았다.

"인자와 진리를 저버리지 말고, 그것을 목에 걸고 다니며, 너의 마음 속 깊이 새겨 두어라. 그러면 하나님과 사람 앞에서 네가 은혜를 입고 귀중히 여김을 받을 것이다."(잠 3:3-4)

멘토찾아 11,000Km

▶ ▶❙ ◀))

　새로운 활로가 필요했다. 리디머처치의 오전 예배를 드리기 위해 4박 6일의 무리한 뉴욕 여행을 감행했다. 예배 당일 오전. 혹시나 길을 잃거나 예배 시간을 놓칠까 2시간 일찍 예배 장소에 도착했다. 숙소를 나와 지하철에 탑승하여 몇 번이나 구글 지도를 반복해서 살피며 헌터 컬리지를 찾았다. 존경하는 팀 켈러 목사님의 설교를 듣기 위해 11,000km를 날아갔다.

　뉴욕 맨해튼 77번가 지하철역 출구 앞에 있는 헌터 컬리지 1층 입구의 유리문에 리디머처치의 포스터 두 장이 붙어 있었다. 문을 열고 들어서면 교회 장소를 표시하는 녹색 입간판이 수십 미터 간격으로 세워져 있었다. 카페테리아로 향했다. 원래는 강의식 의자와 테이블이 놓여있어야 할 커다란 강의실이지만 교회는 강의실을 카페로 꾸며 놓았다.

"How are you?"

푸른 눈에 반쯤 머리가 벗겨진 중년 남성 한 명이 반가운 미소로 인사했다. 불룩하게 나온 배에 면바지를 걸쳐 입고, 바지 안으로 셔츠를 넣어 단정했다. 대부분의 한국 사람이 그렇듯 나 또한 문법에는 어느 정도 자신이 있지만 회화 경험은 턱없이 부족하다. 한국교육의 피해자라고 스스로를 위무하며 용기를 냈다.

"I'm Fine."

그는 알아들을 수 없는 몇 마디를 더 건네고는 주방 뒤쪽 테이블로 향했다. 다시 돌아온 그의 한 손에는 냅킨에 포장된 모닝빵 두 개가 들려있고 다른 한 손에는 카페에서나 사용할 법한 두껍고 큰 종이 잔에 모락모락 김 피어나는 커피가 담겨 있었다.

"ummmm……."

누군가가 말을 걸었다. 깜짝 놀라 오른쪽을 돌아보니 빵과 커피를 건네주었던 백인 남성이 인자한 미소로 나를 빤히 바라봤다. 도움을 주고 싶다는 이야기였다. 예수님을 믿는 이들은 대부분 친절하다. 나그네에게 베푸는 친절이 생활화되어 있는 사람들이다.

점점 주변으로 사람들이 몰렸다. 노년의 백인 여성, 젊은 라틴계 여성, 동양인 남성도 있었다. 다섯이 동그랗게 나를 둘러싸고 토론했다. 알 수 없는 언어로 알 수 없는 대화들이 오간다. 가운데 끼여 등에서 식은땀이 흘렀다.

"안녕-하세요?"

갑자기 노년의 여성이 서양식 억양으로 한국 인사를 건넸다. 반가운 얼굴로 개인적인 이야기를 쏟아냈다. 대략 자기 딸이 한국인과 결혼했고, 한국인 손자와 자주 영상통화를 한다는 이야기인 듯했다. 환하게 웃으며 '반갑습니다'로 답변했다. 그녀는 무언가 통했다는 듯 이내 자신이 아는 한국어를 쏟아내기 시작했다.

"싫-어요, 안-돼요."

한국인 손자가 가장 자주 하는 말이라고 했다. 어떻게든 나그네인 나를 배려하려는 마음이 느껴졌다.

하나님께서 나에게 보여주고 싶으셨던 것은 그리스도인 특유의 친절함이었다. 나그네에게 어떻게 대해야 하는지, 또 그리스도의 사랑을 배웠다. 구독자도, 유튜브를 보고 교회에 온 청년들도 강력한 리더쉽이 필요한 것은 아니다. 따뜻한 그리스도의 온정, 그들을 이해하고 받아들여 줄 사람이 필요했다. 언어를 넘어서는 그리스도의 사랑 말이다. 언어는 인간 사이의 큰 장벽인데, 그리스도의 사랑은 이를 뛰어넘었다. 문화와 언어가 같은 청년들에게 그리스도의 사랑을 전달하는 일은 조금은 낫겠다 싶었다.

이후에 팀 켈러 목사님께서 은퇴하셨다는 사실을 알게 되었다. 그래도 창 너머로 이국적인 도시의 모습이 가슴을 설레게 했다. 최소 수십 년 전에 지어졌을 법한 갈색 빌딩 아래로 여유롭게 거니는 사람들의 모습이 보였다. 비전을 새롭게 갈무리했다.

"그래도 멀리 왔다. 노력했다. 인생은 모르지만, 하나님은 이 순간도 언젠가는 쓰시겠지."

하나님 유튜브도 사역인가요?

하나님께서 이끄신 길에 대해 확신하기 어렵습니다. 흔들리고 또 흔들리지만, 그때마다 하나님께서 붙들어주십니다.

"너의 마음을 다하여 주님을 의뢰하고, 너의 명철을 의지하지 말아라. 네가 하는 모든 일에서 주님을 인정하여라. 그러면 주님께서 네가 가는 길을 곧게 하실 것이다." (잠 3:5-6)

멀리서 보면
하나님의 계획

▶ ▶❙ ◀»

2021년 5월, 매너리즘에 빠져 있었다. 열심히 했지만, 유튜브 채널의 성장이 느렸다. 무얼 해야 할지 감이 잡히지 않았다. 큐티 컨텐츠에서 벗어난 기획 영상을 촬영했지만 품이 많이 들어 장기적으로 끌고 가기에는 쉽지 않았다. 가장 큰 갈등은 여전히 내면에 있었다. 변화에 대한 저항이었다. '영상 촬영과 편집을 더 연습해야 하나? 그러려면 짐벌과 드론을 다룰 줄 알아야 하는데? 나는 목회잔데 영상의 세계로 너무 깊이 들어가는 건 아닐까? 영상에 너무 많은 신경을 기울이느라 목회자로서의 직무를 게을리하는 상황이 오지 않을까?'

나는 유튜버 이전에 목회자다. 목회자는 설교와 심방을 통해 성도들이 하나님을 만날 수 있도록 돕는 사람이다. 목회에 쏟아야 하는 시간과 노력을 영상에 쏟아 본질에서 벗어난 목회자가 되지는 않을까 너무나 두려웠다. 하나님께서 유튜브를 맡겨주신 것은 알고 있지만, 정체성에 혼란이 왔다. 나는 목회자일까, 유튜버일까?

나는 프로 영상제작자는 아니지만, 유튜브를 하기에는 충분한 장비와 실력을 갖추었다고 판단했다. 다만 사역자니 적당히 하자고 마음먹었다. 고퀄리티 영상을 촬영할 수 있었지만 그렇게 하지 않았다. 명품은 디테일이다. 영상의 보이지 않는 디테일을 신경 쓰기 위해서는 어마어마한 시간과 노력이 들어갈 게 뻔했다. 굳이 그 어려움 속으로 나를 내던지고 싶지 않았다. 목회에 쓸 시간도 빼앗기기 싫었다.

교회 장로님의 동생분께서 나에게 100만 원을 보내셨다. 장로님께서 갑작스럽게 소천하셨고, 담임목사님을 도와 장례를 잘 마무리했다. 그 과정에서 나를 눈여겨보신 모양이다. '이종찬 전도사가 장례를 도와줘서 고맙기도 하고, 우리가 키워줘야 한다.'라면서 어머니를 통해 큰 금액을 보내셨다. 처음에는 받지 않았다. 사역자로서 해야 할 당연한 일을 했을 뿐인데, 이런 큰 금액을 받는다는 사실이 탐탁지 않았다. 받아야 할 확실한 이유와 인도하심이 있으면 받겠지만 그렇지 않다면 아주 적은 금액이라도 받고 싶지 않았다. 어머니는 말씀하셨다.

"종찬아, 보내주신 헌금을 어떻게 다시 돌려드리니? 그것도 예의가 아니야. 하나님께서 이렇게 일하시는 이유가 있겠지. 그렇게 생각하고 받자."

어머니의 말씀이 맞았다. 이틀 뒤, 졸업한 신학대학원의 은사님께서 나를 부르셨다. 2021년 초, 모교의 개강 수련회에 강사로 참석했다. 영광이었다. 그때 신대원장님께서 신대원의 홍보영상 촬영을 나에게 맡기는 게 어떻겠냐고 제안하셨다고 했다. 은사님께서는 담담하게 말씀하셨다.

"전도사님, 현재 몇몇 신학대학원을 제외한 대부분 신대원은 입학 정원 미달이라는 상황을 경험하고 있습니다. 단순한 학교 차원의 이야기가 아닙니다. 신학대학원 입학자가 줄어드는 상황은 장기적으로 볼 때는 헌신자가 줄어든다는 이야기입니다. 헌신자가 줄어들면 한국 교회는 약화됩니다. 그래서 시대에 발 맞춰 보려 합니다. 전도사님께서 신대원 홍보영상을 촬영해주셨으면 합니다."

번개처럼 생각이 스쳤다. '하나님께서 새로운 기회를 주시는구나. 모교에서 의뢰가 들어오다니. 외주 영상을 촬영하려면 짐벌(이동 중 촬영해도 흔들리지 않게 해주는 장비)을 구입해야 하는데……. 아! 이틀 전에 받은 100만 원이 짐벌 값이었구나.'

하나님께서 준비하셨다는 사실을 알고 나니 최선을 다할 수밖에 없었다. 부족한 능력을 주님께서 채우시리라 확신했다. 총 두 편의 영상을 기획했다. 첫 영상은 교수님들께서 직접 찬양을 부르시는 장면을 담았다. 신학대학원 교수의 이미지는 딱딱하고 고리타분하다. 하지만 실제로 그분들은 누구보다 따뜻하고 하나님을 사랑하고 경건하셨다. 그 모습을 담고 싶었다. 두 번째 영상은 대자연에 드러난 하나님의 일반계시(자연이나 세상에서 발견할 수 있는 하나님의 사랑)가 백석신학대학원에 임한 특별계시(하나님의 말씀)로 이어진다는 주제를 가지고 촬영했다. 전국 20여 군데에서 로케이션 촬영을 했고, 드론 전문가인 목사님께서 힘을 보태주셨다.

새로운 작업으로 인한 스트레스에 시달렸다. 수준 높은 결과물을 만들어야 했다. 불안을 다스리는 데에 에너지를 모두 사용하느라 정작 해야 할 일을 하지 못했다. 그런데도 하나님께서 준비하신 계획이라는 생각에 힘이 났다. 나는 계획을 잘 세우지 않는 편이다. 계획을 성취할만한 능력이 없다고 판단했기 때문이다.

나를 대신해 인생을 기획해 주시는 분이 계신다. 바로 '예수 그리스도'이다. 나는 예수님을 내 인생의 주인으로 모셨다. 예수님을 주인으로 모신 뒤, 따로 계획을 세우기보다는 주님께서 허락해 주신 하루하루에 최선을 다했다. 주님께서 미리 계획해 놓으셨다면 매일의 생활이 주님의 사역에 참여하는 일이기도 하니까. 대학원 홍보영상 제작의 시작부터 내가 계획한 일은 없었다. 하나님께서 장비를 구매하도록 하셨고, 주변 그리스도인들을 통해 하나님의 계획을 보이셨다. 내가 계획했다면 못 했을 것 같은데, 하나님의 계획이라 따라갈 수 있었다. 목회자와 유튜버 사이의 정체성에 대한 고민도 내려놓을 수 있었다. 다 같은 하나님의 일이라면, 하나님께서 시키신 일이라면, 마다할 이유가 없었다. 그저 하나님을 따라갈 뿐이다. 이때부터 '나는 누구인가.' 보다, '하나님 앞에 어떤 오늘을 살아갈까.'를 생각한다.

하나님, 어른이 되려면?

 "크리스천의 계획"

하나님께서
채우시는 사역

▶ ▶❙ ◀))

길거리에서 무작정 성경책을 나누어주고 사람들의 반응을 살펴보기로 했다. 영상도 찍고 전도도 할 수 있는 좋은 기회였지만, 재정적인 문제들이 있었다.

첫째, 성경책은 비쌌다. 양질의 성경을 드리고 싶었다. 시민분들께는 어쩌면 일생 처음이자 마지막 성경책일지 모른다. 10권 정도를 준비하기로 했다. 성경책이 이렇게 비쌌나? 적은 금액이 아니었다. 둘째, 사람들의 반응을 잡아낼 무선 마이크가 필요했다. 촬영자와 원격으로 송수신할 수 있는 마이크는 가격이 꽤 비쌌다. 아무리 적게 잡아도 수십만 원쯤이었다. 영상 한 편을 촬영하는 데에는 지나친 투자라 고민이 되었다.

내면의 갈등과는 상관없이 일은 순조롭게 진행되어 어리둥절했다. 실력 있는 크리에이터가 촬영과 편집을 도맡아 준다고 나섰다. 아이디어 회의까지 마무리해서, 내 속내를 누구에게도 드러낼 수 없는 상황이었다. 혼자 끙끙 앓다 결국 하나님께 피신했다. 누군가는 하나님을 늦게 찾았을 경우 자책을 하기도 한다. 자책할 필요 없다. 오래 기다리는 건 그분의 특기다. 그보다 늦더라도 다시 하나님을 붙잡을 수 있는 기회라고 생각하자. 조금씩 하나님께 다가가다 보면 전보다 나은 그리스도인이 된다.

"여러분 가운데 누구든지 지혜가 부족하거든, 모든 사람에게 아낌없이 주시고 나무라지 않으시는 하나님께 구하십시오. 그리하면 받을 것입니다."(약 1:5)

누구에게도 속내를 드러내지 않고 하나님과 상의하기로 결정했다. 금요예배 설교가 끝나고 예배당 맨 앞 좌석에 앉아 당돌하게 기도했다.

"주님께서 원하시는 영상 촬영이라면, 3일 시간을 드리겠습니다. 더도 말고 덜도 말고 딱 3일입니다. 주일 밤까지 어떤 방식으로든 재정을 도와주세요. 그렇지 않으면 팀원들에게 솔직히 이야기하겠습니다. 재정 문제로 촬영이 어려울 것 같다고요."

하나님은 우리의 아버지다. 하나님께서 우리의 아버지라면 우리에게는 믿음직한 큰형/오빠가 생긴다. 바로 예수님이다. 만약 예수님께서 내 큰형이 되신다면, 사역은 하나님과 예수님의 가족 사업이다. 그래서 배째라는 식으로 기도했다.

예배를 마치고 집으로 돌아와 컴퓨터 전원을 누르는 순간 갑자기 핸드폰 진동이 울렸다. 은행 어플의 입금 알람이었다. 필요한 금액의 3배가 입금되어 있었다. 이렇게 큰 금액을 보내줄 사람은 단 한 명밖에 떠오르지 않았다. 사촌 누나였다. 바로 전화를 걸었다.

"어……, 종찬아, 왜 전화했어?"

한동안 침묵했다.

"누나지? 누나가 보냈지?"

"아, 종찬아, 사실 일주일 전부터 돈을 보내야겠다는 마음이 자꾸 들더라고. 나도 이상했어. 그런데 한 시간 전부터 강하게 마음이 드는 거야. 그래서 바로 보냈어. 내가 보냈다고 생각하지 말고 하나님의 일에 사용해."

한 시간 전이면 교회에서 기도하고 있었던 바로 그 순간이었다. 모든 과정은 주님의 훈련이었다. 하나님께서는 내 고민을 아시고 예비해 놓으셨다. 모든 것을 준비해 두시고, 내가 하나님을 선택할 때까지 기다리셨다. 하나님은 혼자 일하시는 게 편하실 텐데 굳이 사람과 함께 일하신다. 하나님과 사촌 누나에게 받은 사랑을 오롯이 간직하고 주님께서 허락하신 길을 걸어가리라 다짐했다.

"말도 안돼!"

유튜브는 벧엘

▶ ▶ ◀ ◀)

창세기 28장에는 야곱이 등장한다. 악질이다. 하나님의 축복을 가로채기 위해 아버지와 형에게 사기를 친다. 친형인 에서는 분에 차서 말했다. "아버지가 돌아가시면 이 녀석 죽여버린다." 야곱은 목숨을 부지하기 위해 광야로 도망을 가는데, 그때 하나님을 처음 만난다.

"어떤 곳에 이르렀을 때에, 해가 저물었으므로, 거기에서 하룻밤을 지내게 되었다. 그는 돌 하나를 주워서 베개로 삼고, 거기에 누워서 자다가, 꿈을 꾸었다. 그가 보니, 땅에 층계가 있고, 그 꼭대기가 하늘에 닿아 있고, 하나님의 천사들이 그 층계를 오르락내리락 하고 있었다." (창 28:11 - 12)

야곱은 하나님을 처음 만난 장소를 '벧엘'이라고 이름 짓

는다. '하나님의 집'이라는 뜻이다. 야곱의 이야기는, 자신의 이익을 위해 가족들에게 사기를 칠 정도로 막돼먹은 사람을 변화시켜 나아가는 하나님의 이야기이다. 하나님께서 이후 20여 년간의 고생길에서 야곱과 동행하심으로 그의 성품을 변화시키신다. 성경은 하나님을 만족시키려는 사람의 행동에 집중하지 않는다. 성경은 부족한 사람을 변화시키는 하나님의 능력을 이야기한다.

나에게 유튜브는 벧엘이고 하나님의 집이다. 목회의 정도 (正道)가 있다고 생각했다. '큰 목회자'가 되기 위해서는 심방과 설교에만 집중해야 한다고 여겼다. 맙소사, 큰 목회자라니. 멋지고 강력하고 성령께 붙들린 설교자가 큰 설교자였다. 설교만이 사람을 변화시킬 수 있다고 믿었으니까. 따져보면 맞는 말이다. 내 교만이었고 아집이었다는 점만 제외하면 말이다.

하나님께서 하셔야 하는 일을 내가 대신 할 수 있다고 믿는 교만이 자리 잡고 있었다. 내가 해야 한다고 생각했다. 목회라는 성스러운 행위가 나를 성스럽게 해준다고 믿었다. 그 안에 끔찍한 죄를 외면하고 싶었을까? 내 마음은 회칠한 무덤이었다.

설교는 복음을 전하기 위한 수단이다. 달을 바라보기 위해 손가락으로 가리키는 것이지, 손가락을 보기 위해 달을 가리키지 않는다. 설교는 복음을 명확하게 전달할 수 있는 중요한 요소이지만 전부는 아니다. 교회에서 사역자는 복음을 전달하기 위해 여러 가지 방법을 사용한다. 예배, 설교, 영상, 피피티, 찬양, 교육, 소모임, 간증 등 복합적인 요소를 통해 한 사람을 주님께 이끈다. 여기에 유튜브가 낀다면 어떻게 될까?

하나님께서 나에게 유튜브라는 매체를 맡기셨다. 여태 유튜브에서 사역하게 된 과정을 돌아보면 확신할 수 있다. 장비 마련부터 동기부여까지 하나님께서 해주셨고, 심지어 흔들릴 때마다 하나님의 손길이 함께했다. 유튜브가 사역이냐고 묻는다면 이렇게 답할 수 있다.

"유튜브를 통해 하나님을 경험하고 가까워졌습니다."

야곱처럼 성공을 위해 욕망에 따라 살고 싶었지만, 하나님을 만나고 조금씩 변해가는 모습을 돌아보면, 유튜브는 벧엘이다. 나에게 유튜브는 내 사역 이야기가 아니라 하나님께서 종리스찬과 구독자들을 변화시키는 이야기이다.

하나님의 사랑을 흘려보낼 사람

저는 작은 교회에서 평생을 지냈습니다. 때로는 대형 교회를 부러워하기도 하고, 그들의 사역을 우러러보기도 했는데요. 큰 교회도 작은 교회도 모두 나름대로의 쓰임이 있고 사명이 있더라고요.

하나님께서는 꼭 유명하고 영향력 있는 사람을 통해서만 일하시지는 않습니다. 평범한 사람들도 하나님께서 일상으로 부르셨습니다. 우리의 일상 가까운 곳에 있는 이웃들을 돌아보면 어떨까요? 우리의 작은 관심이 타인에게는 큰 위로일지도 모르니까요.

예수께서는 한 사람을 위해 오셨습니다. 이 글을 읽는 당신에게도 하나님의 사랑을 흘려보내고 싶습니다. 당신은 사랑받기 위해, 또 사랑하기 위해 태어났습니다.

"이제 나는 너희에게 새 계명을 준다. 서로 사랑하여라. 내가 너희를 사랑한 것 같이, 너희도 서로 사랑하여라. 너희가 서로 사랑하면, 모든 사람이 그것으로써 너희가 내 제자인 줄을 알게 될 것이다."(요 13:34-35)

콘텐츠에 대한 고민

▶ ▶️ 🔊

　유튜브는 천재들의 놀이터다. 기발한 기획과 재미있는 편집이 넘쳐난다. 사회적인 실험을 하는 컨텐츠도, 여행도, 심지어는 토크나 먹방도 기발하게 풀어낸다. 이 기획을 영상으로 만들기 위해 얼마나 많은 고민과 시행착오를 반복했을까. 존경의 마음으로 컨텐츠를 시청한다. 입맛이 씁쓸하다. 화려함과 높은 조회수를 가진 영상들이 내 영상들과 겹쳐 보일 때면 열등감에 사로잡히기도 한다. 나는 왜 저런 기획을 하지 못할까? 캐릭터를 부여하는 일에도, 편집이나 기획에서도, 심지어는 알고리즘의 선택을 받는 일조차 내 마음대로 되지 않는다. 한탄도 한두 번이다. 어떻게 해야 성장할 수 있을까?

　아이들은 소꿉놀이를 통해 사회성을 배운다고 한다. 선생님, 의사, 부모로 가장하여 행동한다. 아동심리학자들은 입을 모아 말한다. 어른을 모방하는 놀이는 아이의 사회성을 길러준다고. 다른 사람의 역할을 간접 경험함으로써 감정이 깊어지고 이해의 폭이 넓어진다. 유튜브의 전문가가 되기 위해서 앞서간 전문가를 모방해보면 어떨까. 모방은 창조의 어머니라고 하니 따라 하다 보면 무언가 배울 점이 있지는 아닐까.

유튜브를 하기 전에는 유능한 설교자가 되고 싶어 3년간 다른 유명 설교자를 모방했다. 대한민국 기독교에 지대한 영향을 주었던 설교자 7인을 선정하여 설교와 인터뷰, 저서를 탐독했다. 한 설교자에게 미쳐있다 보면 목소리와 말투까지 닮아간다. 설교 내용도 비슷해진다. 하지만 아무리 위대한 설교자를 모방한다고 해도 나는 그분과 똑같아질 수 없다. 모방을 통해 나만의 스타일을 만나야 한다. 하나님께서 나를 창조하실 때 염두에 두신 독특한 고유성이 있다.

온고이지신, 가이위사의. (溫故而知新, 可以爲師矣)
옛날에 배운 것을 복습하고 거기다 새로운 것도 알면 남의 스승이 될 수 있다.

다른 유튜브를 모방하기도 하고, 아이디어를 얻기도 했다. 그러면서 나만의 정체성을 정립해 나아가려고 했다. 하늘 아래 새것은 없지만, 하나님은 나를 신묘막측하게 빚으셨으니까. 분명 나만의 독창성이 있다.

수없이 모방했다. 큐티와 설교 영상으로 시작하여, 라이브 방송, 사회실험, CCM 커버, 먹방, 쿡방, 쇼츠, 성지순례, 북토크, 브이로그, 영화 리액션, 다큐멘터리, 소개팅, 데이트, 연애상담소 등. 오히려 헤매면서 마음의 밭이 넓어졌다. 모방하며 도전하고 실패를 반복할 때마다 스스로 돌아볼 기회가 있었다.

"자기가 무엇을 안다고 생각하는 사람은, 아직도 그가 마땅히 알아야 할 방식대로 알지 못하는 사람입니다." (고전 8:2)

나는 아는 게 하나도 없었다. 뭘 어떻게 해야 할지 몰랐을 때, 비로소 교회에서 가장 큰 분을 모방하는 모습이 눈에 들어왔다. 성화(聖化). 그리스도인의 삶은 예수님을 모방하는 과정이기 때문이다. 모방하면 닮아간다. 예수님을 닮아간다고 내가 예수님이 되는 건 아니다. 나의 특성은 남으나 예수님의 것들로 채우는 과정이다.

"주님께서 내 장기를 창조하시고, 내 모태에서 나를 짜 맞추셨습니다. 내가 이렇게 빚어진 것이 오묘하고 주님께서 하신 일이 놀라워, 이 모든 일로 내가 주님께 감사를 드립니다. 내 영혼은 이 사실을 너무도 잘 압니다. 은밀한 곳에서 나를 지으셨고, 땅 속 깊은 곳 같은 저 모태에서 나를 조립하셨으니 내 뼈 하나하나도, 주님 앞에서는 숨길 수 없습니다. 나의 형질이 갖추어지기도 전부터, 주님께서는 나를 보고 계셨으며, 나에게 정하여진 날들이 아직 시작되기도 전에 이미 주님의 책에 다 기록되었습니다."(시 139:13-16)

아이디어를 얻었다. '유튜브 자체도 완전히 새로운 것은 아니다. 모방하되 하나님의 것으로 담자.' 나는 창의적인 사람이 아니다. 하지만 모방은 잘 할 수 있다. 다른 사람들의 창의성을 빌려 기독교의 복음과 조합하기로 했다. 세속적인 콘텐츠들을 조합하여 기독교 영상을 만들어냈다. 우리가 예수님을 모방하려고 노력하듯 창의적인 영상도 노력을 통해 만들어진다. 그래서 하루에 5시간씩 유튜브를 시청한다.

 "창의적으로 변해가는 과정"

하나님과 함께하는
모험

▶ ▶❙ 🔊

    나는 모험가 기질이 있다. 불의의 사고로 발목을 다치지 않았다면 자전거를 타고 전 세계를 누비고 있지 않을까? 마라톤을 뛰었던 이유도, 철인 3종경기를 준비했던 이유도 (모험가가 될지도 모르니까) 기초 체력이 필요했기 때문이다. 반면에 새로운 일에 대한 두려움도 있다. 여전히 모험을 떠나지 못하고 있다. 다리를 다쳤기 때문도, 경비가 부족했기 때문도 아니다. 두려움이 문제였다. 모험가 기질과 두려움은 서로 저항한다. 미지의 세계를 동경하면서도 뛰어들 용기가 없었다. 통제하지 못하는 상황이 올까 봐 두려웠다. 유튜브를 처음 시작할 때, 학벌이 좋은 친구들에게 자문했다.

    "이미 레드 오션이야."

"잘 되는 사람도 있겠지. 그런데 우리는 안 돼."

아무도 유튜브를 해본 적 없지만, 부정적으로 말했다. 태초부터 지구는 레드 오션이었다. 창세기 3장에서 아담의 죄로 땅은 저주받았다. 남자는 열심히 일하지만, 땅은 가시덤불과 엉겅퀴를 냈다. 땀 흘려도 일한 만큼의 보상을 받을 수 없게 되었다. 인간의 힘으로 통제 불가능한 상황이 되었다. 결실을 보기 위해서는 가시덤불과 엉겅퀴와 쟁탈전을 해야 했다.

유튜브 시작을 결단할 수 있었던 이유는 하나님을 붙들 수 있었기 때문이다. 승리를 확신하지는 않았다. 유튜브도 저주받은 땅처럼, 땀을 흘리며 노력해도 엉겅퀴 같은 결과를 내니까. 다른 사람도 비슷하지 않을까? 어떤 일을 하던, 승리를 확신할 수 없다.

아담 이후 고난은 늘 인간 삶의 필수요소였다. 유튜브로 사역하는 동안 어려움을 많이 겪었다. 같은 크리스천이지만 경건하지 않다고 비방하는 사람도 있었고, 예수님을 좋아하지 않는 사람이 악플을 달기도 했다. 내 노력과 상관없이 어려움은 늘 있었다. 유튜브를 사역지로 임명해주신 하나님을 믿고 의지할 수밖에 없었다. 오직 하나님만 변치 않으시니까. 하나님과 유튜브에서 새로운 가능성을 열고 싶었다.

여전히 모험하는 꿈을 꾼다. 신혼여행으로 캠핑카를 빌려서 러시아에서부터 유럽까지 유라시아를 횡단하는 꿈을 꾼다. 지난 2천여 년간 그리스도의 복음을 땅에 심으려 노력한 사람들의 자취를 따라가는 여행이다. 복음을 문화로 표현하는 원리를 배우고 싶다. 종종 친구들에게 이야기하면 비웃음을 산다.

"깝치지 말고 전셋집이나 구해."

삶의 모험에서 고난을 이해하는 법

성경에서는 세 가지 종류의 고난을 소개합니다. 하나님께서 직접 주시는 고난, 하나님이 허락하신 사탄의 시험, 잘못된 행동의 결과로 겪는 고난이 있습니다. 맞습니다. 우리의 고난이 어디서 오는지 다 알 수는 없습니다. 분명한 사실은, 한 번도 고난을 겪지 않는 사람은 없다는 것입니다.

성경은 고난에 대한 통찰을 제공합니다. 하나님께서 우주의 주인이시기에 고난의 종류가 무엇이든 하나님의 뜻이 숨겨져 있습니다. 고난에 하나님의 의미가 있으니 우리는 버틸 힘을 얻을 수 있습니다. 우리가 겪고 있는 고난은 하나님과 인생을 더 깊이 이해하게 해줄 겁니다. 고난 속에 계신가요? 당신은 이미 하나님을 향해 가고 있습니다.

"너를 낮추시며 너를 주리게 하시며 또 너도 알지 못하며 네 조상들도 알지 못하던 만나를 네게 먹이신 것은 사람이 떡으로만 사는 것이 아니요 여호와의 입에서 나오는 모든 말씀으로 사는 줄을 네가 알게 하려 하심이니라."(신 8:3)

네가 나를 사랑하니?

▶ ▶❘ ◀»

대학 시절, 낙엽이 지면 학교에 가지 않았다. 비가 오면 버스를 탔다. 우천에도 지하철을 타지 않고 지각을 감수했다. 창문에 맺힌 빗방울 너머로 비치는 네온사인 불빛이 좋았다. 자유로울 때, 가장 나답다고 느꼈다. 스스로가 자유로운 천재형은 아닐까 하는 일종의 나르시시즘에 빠져있었던 것 같다. 신학대학원에 입학한 후에야 착각임을 철저히 느꼈다. 학교에는 뛰어난 사람들이 많았다. 전문가라고 불릴만한 수준의 학생들도 있었다. '어떻게 벌써 저렇게 경력을 쌓았을까?' '왜 나는 저런 체험을 못 해봤지?' '어떻게 저리 영성이 깊을까?' 어떻게 하면 이들을 따라갈 수 있을지 고민했지만, 답은 없었다. 재능으로는 이길 수 없으니 성실해 보기라도 해야겠다고 결심했다. 전문가가 되기 위해서는 성실함이 필수라고 생각해 즉흥적인 성격을 고쳐보기로 했다. 성실함을 키우기 위해서는 성실함이 필요한 아이러니한 상황이지만, 노력했다.

성실함은 정말로 능력이 맞을까? 유튜브 2년 차였던 2020년, 아무리 성실하게 노력해도 구독자는 수천 명 정도였다. 8개월 동안 1일 1 영상을 올렸지만 소득이 없었다. 구독자들이 나를 신뢰한다고 느껴지지 않았다. 다른 기독교 유튜버들의 추천으로 유입된 구독자들이 대부분이라 생각했다. 돌아보니 열등감이었다. 다른 유튜버들은 영상 한두 개로 손쉽게 많은 구독자를 얻는 것 같은데, 나는 그렇지 못했다. 남과 비교할수록 자신이 초라해 보였다.

'이렇게 열심히 하는데도 구독자가 늘지 않는다는 건 내가 능력이 없다는 이야기야. 사람들이 얼마나 비웃을지 생각이나 해봤어?' '다들 겉으로는 웃고 있어도 속으로는 나를 얕보고 있어.' '이제는 그만 포기할 때도 됐지. 더 이상 사람들의 비웃음거리가 되지 말자.' 성실하면 성공할 줄 알았는데 그렇지 않은 현실에 실망했다.

사당으로 심방을 다녀오는 길이었다. 지하철에 탑승하여 통로 쪽 문에 기대어 섰다. 보통은 성경을 읽거나 기도를 할 텐데 아무것도 하기 싫었다. 우울해져 기도할 의지조차 생기지 않았다. 고개를 떨구고 멍하니 서 있었다. 그때였다. 아무런 징조도, 전조증상도 없이 갑자기 내 마음속에 커다란 울

림이 느껴졌다. 그리고는 또렷한 음성이 들려왔다.

"종찬아, 내 교회를 네가 맡아보지 않을래?"

주님의 음성이었다. 갑자기 눈물과 콧물이 쏟아져 나오기 시작했다. 너무 창피해 자리를 옮겼다. 곧 울음이 멈출거라 생각하고 지하철 통로와 통로를 걷기 시작했다. 맨 앞 칸부터 맨 뒤 칸까지 왕복했지만 10분이 넘도록 그치지 않았다. 주님께서 나를 품어주셨다. 억압하거나 순종을 강요하시지 않고, 못났다고 책망하시지 않으셨다. 때가 되었을 때 나를 찾아오셨다. 내 이름을 불러주셨다. 그리고 새로운 비전을 주셨다.

"예수께서 두 번째로 그에게 물으셨다. '요한의 아들 시몬아, 네가 나를 사랑하느냐?' 베드로가 대답하였다. '주님, 그렇습니다. 내가 주님을 사랑하는 줄을 주님께서 아십니다.' 예수께서 그에게 말씀하셨다. '내 양 떼를 쳐라.'"(요 21:16)

베드로는 예수님을 세 번이나 부인했다. 그런 베드로를 찾아오신 예수님. 베드로를 탓하거나 몰아세우지 않으셨다. 그저 자신을 사랑하냐고 물으셨다. 예수님께서 자기 양을 치라고 부탁하셨을 때야, 베드로는 자신의 실패에서 벗어날 수 있었다.

성실하고자 했던 이유는 성공하기 위해서였다. 경쟁에서 이기고 싶었다. 그분은 성공을 추구했던 나를 불쌍하게 여겨 주셨다. 그리고는 새로운 비전을 주셨다. 다그치거나 경책하지 않으셨다. 그저 온화한 목소리로 유튜브를 맡아보는 게 어떠냐고 말씀하셨다. 유튜브에 복음을 심는 일도, 목회도 주님의 피로 산 주님의 몸이었다. 주님께서 자기 몸을 나에게 맡겨 주신 일 자체로 경쟁에서 오는 초라함을 치유 받았다.

"주님이십니다"

일이 잘 돼가는 기분

▶ ▶| ◀))

언젠가부터 기독교 연애 전문가라고 불렸다. 지금도 그런 이야기를 들으면 머리를 긁적인다. 사실 연애 콘텐츠에 관심은 없다. 개인적인 연애의 문제를 다른 사람들에게 털어놓거나 조언을 구해본 적도 없다. 그런데 구독자들은 연애와 결혼에 관한 질문을 많이 했다.

코로나 2년 차. 교회의 청년들은 이성을 만날 기회가 없었다. 크리스천을 만나고 싶지만, 접점이 없어 고민하는 청년들의 메일이 수시로 날아들었다. 순간 재미있는 생각이 들었다. 기독교 청년들을 대상으로 온라인 소개팅을 해보면 어떨까? 결혼은 청년 사역의 마지막 관문이라는 생각도 들었다.

프로젝트는 일사천리로 진행되었다. 회의를 통해 온라인 소개팅의 기독교적 방향을 설정하고, 순서를 구성했다. 소개팅할 사람들이 단순한 자기소개를 넘어 기독교적 가치관을 나눌 수 있는 질문들을 만들었다. 커뮤니티에 글을 올려 지원자를 받았다. 남자가 압도적으로 많을까 봐 걱정했다. 예상과는 다르게 100여 명 정도가 지원했고, 남녀 비율도 5:5 정도였다.

구독자분들의 뜨거운 관심이 놀라웠다. 이렇게 연애와 결혼에 관심이 많다니. 신청자 100여 명의 서류를 꼼꼼히 읽었다. 그리스도인임을 명시하고 진행했기 때문인지 경건하고 진중했다. A4 용지로 네 페이지에 걸쳐 자신의 간증과 지원 동기를 적어주신 구독자분도 계셨다. 매칭해드리고 싶었지만 부산, 경남 지역 신청자는 그녀 한 명뿐이었다. 안타까웠다. 다른 지원자들도 전국 각지에 흩어져 있었다. 서울, 경기에 거주하시는 분들을 제외하고, 몇몇 분은 너무 먼 거리에 떨어져 있어 차마 매칭할 엄두가 나지 않았다.

뜻하지 않은 제동이 걸렸다. 이단이 온라인 소개팅에 지원했다. 두 명이었다. 구독자분께서 자신의 지인이 이단 교회를 다니는데, 온라인 소개팅에 지원했다고 제보해 주셨다. 이단을 솎아내면 된다고 생각할 수 있지만, 나는 생각보다 문제를 크게 받아들였다. 참가자분들은 '종리스찬TV'를 신뢰해서 참여했을 텐데, 이단을 매칭 시키는 건 도저히 면목이 서지 않았다. 컨텐츠를 포기했다. 신뢰를 저버릴 가능성이 있다면 차라리 포기하는 편이 낫다.

구독자와의 신뢰가 깨진 유튜버들을 종종 목격한다. 우리 세대의 언어로 표현하자면 '나락'이라고 한다. 인터넷의 익명성과 교묘한 편집 뒤에서 거짓으로 채널을 운영하면 결국 탄로 난다. 진행했으면 인기 있는 콘텐츠가 될 수 있을 것 같았다. '종리스찬TV'는 사역이기에 성공하려는 욕망에 맞춰 운영할 수 없다. 이미 한번 공황장애를 겪었다. 새로운 땅에서 또 같은 잘못을 반복하기는 싫었다. 아쉽긴 했지만 과감하게 내려놓았다.

"이단이 종리스찬 소개팅에?"

하나님께서 주신 정체성

엄숙하고 근엄하고 진지하게 쓰인 초고를 보며 출판사 대표님이 말씀하셨다.

"아, 종리스찬 이미지는 이런 이미지가 아닌데?"

나는 엄숙하고 근엄하고 진지한 목회자를 꿈꿨다. 그런 모습이 없지는 않으나, 타인의 눈에 비친 나는 유쾌하고 재미있는 사람이었다. 내가 꿈꾸는 모습과 실제 내 모습 사이에는 간격이 있다. 주님과 구독자분들이 있는 그대로의 종리스찬을 좋아해 줬는데, 엄근진(엄숙하고 근엄하고 진지한)의 종리스찬이라니. 맞지도 않는 가면을 쓰려고 했다.

가면을 쓰고 있으니 관계에 자연스럽게 선이 그어졌다. 사람들은 내가 마음을 열지 않는다고 생각했다. 전통적인 엄숙하고 근엄한 목회자로 보여야 한다는 생각은 오히려 교회를 방문한 청년들의 적응을 더디게 만들었다. 그게 문제인지 몰랐다. 유튜브의 유쾌한 모습을 보고 찾은 사람도 있었을 텐데, 예의 바르지만 선을 긋는 나의 모습에 이질감을 느꼈을 수도 있다. 딱딱하긴 해도 내 성격을 감추고 예의를 차리면 모두의 관심을 받을 수 있을 것 같았다.

주어진 성격을 감추고 인정받으려 한다니. 나는 얼마나 관종인가? 누구든 성격이 맞는 사람이 있고 맞지 않는 사람도 있다. 나와 맞지 않는 사람들이 존재한다는 것은 어쩌면 누군가가 나를 미워할 가능성에 노출되어 있다는 이야기이기도 하다. 유튜브에 나를 계속 노출시켜야 하는데, 그럴수록 누군가가 나를 미워할수도 있겠다는 생각에 움츠러들었다.

모든 사람에게 관심받으려는 욕구는 나를 움츠러들게 만든다. 때로는 잘생겼다는 댓글이 달리는 경우도 있다. 부끄럽다. 잘생기지 않았다는 사실을 스스로 잘 안다. 기분을 좋게 하든 나쁘게 하든 다른 사람의 평가를 하나하나 신경 쓰면 아무 일도 못 한다. 그럴 바엔 신앙적인 자존감으로 무장하는 편이 낫다. 내 얼굴이 못나 보여도, 그건 사람들의 기준일 뿐이다. 하나님께서는 60억 인구 중 유일한 얼굴로 나를 창조하셨다.

이렇게 타인의 평가에 우왕좌왕하는 이유는 자신의 가치

를 타인의 평가에서 찾기 때문이다. 누군가에게 좋은 평가를 받는다고 해서 나의 가치가 높아지지도 않고, 나쁜 평가를 받는다고 낮아지지도 않는다. 각 개인의 존재 가치는 하나님의 창조에 따르지, 타인의 평가에 의존하지 않는다. 내가 능력 있고 잘생긴 사람이기 때문에 나를 사랑하신 것이 아니라, 사랑하시기 때문에 나를 창조하셨고, 십자가를 지심으로 우리에 대한 사랑을 확증하셨다. 타인의 평가에 흔들릴 때마다 속으로 되뇐다. 게다가 우리의 존재를 사랑하시고 인정하시는 분이 계신다는 사실을 다른 사람에게까지 적용한다면, 우리와 다른 사람까지도 사랑하고 포용할 수 있는 용기도 얻는다. 나의 하나님이기도 하지만 그들의 하나님이기도 하기 때문이다. 각자의 정체성은 하나님께 있다.

"내가 이렇게 빚어진 것이 오묘하고 주님께서 하신 일이 놀라워, 이 모든 일로 내가 주님께 감사를 드립니다. 내 영혼은 이 사실을 너무도 잘 압니다." (시편 139:14)

인정할 건 인정하자. 모든 사람에게 인정받는 일은 불가능하다. 하지만 하나님께서 나의 존재를 인정해주셨다.

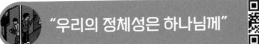

"우리의 정체성은 하나님께"

잘못된 업로드

▶ ▶I ◀»

신앙생활은 '인생이 사람의 계획대로 되지 않는다'라는 사실을 인정하는 일이다. 내가 계획한 대로 삶을 꾸릴 수 있다면, '하나님을 내 인생의 주인으로 받아들인다'는 고백할 필요가 없다.

구독자분의 요청으로 인스타그램을 시작했다. 유튜브가 한 방향 소통이라면, 인스타그램은 쌍방향 소통이다. 점점 인스타그램에 빠져들기 시작했다. 아침에 일어나면 팔로워들의 소식부터 확인했다. 최근에는 릴스(1분 내외의 짧은 동영상)를 올리기 시작했는데, 조회수가 적게는 수만 회, 많게는 수십만 회씩 나왔다. 갑자기 3,000명 가까이 팔로워가 늘었다. 인스타그램에 질문을 올려 보았다.

"교회 형제, 자매 사이에 그린라이트(좋아하는 티를 내는 행동)로 오해받을만한 행동, 뭐가 있을까? 경험담도 있으면 꼬옥 적어줘!"

1,500명 가까이 질문을 확인했고 수백 명이 답변했다. 재미있는 내용들이 많았다. '통성기도 마치고 손 늦게 놓기,' '새벽기도 가는데 모닝콜 해주기,' '오빠, 주보 미리 받아놨어,' '서로 눈 마주쳤는데 웃어줌.' 교회 다니는 청년, 청소년의 관심사는 교회 내 연애였다. 지극히 당연한 일이라 누구나 공감할 수 있었다.

인스타그램에 나온 질문으로 유튜브 영상을 만들었다. 연초라 너무 바빠 영상에 크게 시간을 할애하지는 못했다. 영상을 올린 지 한 시간 만에 1,500 조회수를 넘었다. 기뻤다. 이 정도면 꽤 높은 조회수를 기록하리라 예상되었다. 유튜브 알고리즘(자동 추천 시스템)은 구독자들이 내 영상을 클릭한 비율로 비디오의 품질을 판단한다. 높은 노출 클릭률을 기록했기에 고품질의 영상으로 판단될 가능성이 있었다. 일단 알고리즘의 인정을 받으면 시스템이 자동으로 더 많은 사람에게 영상을 뿌려준다. 적어도 수만 회 조회수를 예상했다. 뿌듯했다. 그런데 눈에 띄는 댓글들이 있었다.

"인스타 아이디랑 프로필 사진이 공개되었는데 사전에

동의가 있었나요?"

"인스타 아이디 가려주셨으면 더 좋았을 것 같아요."

구독자의 클레임에 갑자기 머릿속이 하얗게 변했다. 편집 때에도 아이디와 프로필 사진을 모자이크 처리할까 고민했다. '인스타그램 질문에 답변을 올리면 어차피 질문자의 프로필과 아이디가 함께 뜨지 않나? 그러면 오히려 유튜브에서도 공개해 드리는 게 예의가 아닐까?' 반대였다. 인스타그램에서도 질문자의 아이디는 비공개로 처리된다. 착각했다. 계획대로 흘러가는 일이 없다.

급하게 집으로 돌아와 영상을 비공개 처리했다. 모자이크 처리를 한 뒤에 영상을 다시 업로드했다. 같은 영상을 두 번이나 올렸으니 조회수가 나올 리 없었다. 이미 영상을 시청한 수천 명의 시청자는 같은 영상을 두 번 클릭하지 않는다. 알고리즘은 내 영상에 대해 '동영상의 실적이 평소보다 낮습니다.'라고 평가했다. 결국 조회수는 14,000회에 그쳤다.

작은 실수가 마음을 들쑤셔 놓았다. 공든 탑이 무너진 느낌이었다. SNS와 유튜브를 결합하려는 기획과 3시간씩 자며 편집한 노력이 물거품 된 것 같았다. 수요예배 설교 두 시간 전 이었다. 죽을 맛이었다. 예배에 영향을 끼칠 게 분명했다. 맨 앞 좌석에서 기도하다 강단에 올랐는데 몇몇 청년의 얼굴이 보였다. 어려운 사정에도 불구하고 예배를 사모하는 마음으로 좌석에 앉아 있었다.

예배를 사모하는 청년들을 보자 힘이 솟았다. 하나님은 계획과 다르게 일하신다. 일하시는 방법을 가끔은 어이가 없을 정도로 예측할 수 없다. 예측 불가능성이 하나님과 발맞추어 일하는 즐거움일까? 내 노력으로도 어찌할 수 없는 인생이지만, 하나님은 삶의 조각을 모아 '그렇구나.'라는 고백이 나오게 하신다. 인생을 대하는 자세가 조금은 편해졌다.

나는 계획할 수 있다. 하지만 그 계획을 실행하고 이룰 능력이 없다. 모든 것을 하나님께 의지하기로 했다. 아니 계획마저도 하나님께 내어드리기로 했다. 나의 염려를 예수 그리스도로 대체할 수 있었다.

"다시 올린 그 영상"

하나님 일을 하다 낙담한다면

하나님의 일을 하다 보면 낙담하기 마련입니다. 교회에서 열심히 봉사하던 사람들도 연말이면 '내년에는 봉사 못하겠어요'라고 말합니다. 이렇게 생각해보는 게 어떨까요? 우리가 힘들고 어려운 이유는 하나님의 일에 전심으로 헌신했기 때문입니다. 열심히 하지 않은 사람은 낙담하지도 않습니다.

사실 하나님께서 맡겨주신 일을 우리가 온전히 감당할 수는 없습니다. 사람을 사랑하는 일은 예수님만이 하실 수 있기 때문입니다. 예수님께서 하실 일을 우리가 대신 하다 보니 번아웃이 올 수밖에 없습니다.

그런데 이 낙담마저도 하나님께서 사용하신다는 사실을 아시나요? 우리가 절망하고 낙담할 때 다시 하나님을 붙들 수 있다는 사실은 놀라운 축복입니다. 우리가 해낼 수 없는 거대한 벽 앞에, '하나님 이외 다른 것을 의지할 수 없구나.' 생각하게 됩니다.

성경은 율법이 아닌 복음의 관점에서 우리의 신앙을 점검하라고 이야기합니다. 율법의 관점에서 본다면 우리의 어려움은 우리가 잘못했기 때문입니다. 우리는 실수가 잦고 부족하기에 하나님을 만족시킬 수 없었습니다. 율법은 하나님을 두려워하게 만듭니다. 하지만 복음에 따르면, 오늘의 실수는 성령께서 우리를 이끌어가는 과정 중의 하나일 뿐입니다.

하나님께서 우리의 낙심을 통해 우리의 내면을 만들어가십니다. 우리의 절망과 낙담은 과정일 뿐입니다. 우리의 연약함에 집중하면 안 됩니다. 오히려 하나님을 향해 올바르게 나아가고 있는지가 중요합니다.

"그들은 제자들의 마음을 굳세게 해주고, 믿음을 지키라고 권하였다. 그리고 또 이렇게 말하였다. '우리가 하나님 나라에 들어가려면, 반드시 많은 환난을 겪어야 합니다.'"
(행 14:22)

하나님
구독 좋아요
알람설정

하나님께서 예비하신 길이지만 걸어가는 과정이 꼭 기쁨을 보장하지 않습니다. 하지만 믿음의 동역자들 덕분에 위로받습니다. 걸어가다가 넘어지기도 하고, 은혜에 감격하기도 합니다. 하나님께서 유튜브를 허락하신 이유는 같이 걷는 법을 가르치기 위함이 아닐까요?

"하나님을 사랑하는 사람들, 곧 하나님의 뜻대로 부르심을 받은 사람들에게는, 모든 일이 서로 협력해서 선을 이룬다는 것을 우리는 압니다."(롬 8:28)

슬픔을 틈타는 사람들

▶ ▶❙ ◀))

'도를 아십니까'를 약 올리는 영상을 접했다. 싸움 구경만큼 재밌고 통쾌했다. '도를 아십니까'는 대순진리회의 교인인데, '복이 많으신데요.' 혹은 '인상이 참 좋으신데요.' 등의 말을 건네며 접근하는 사람들을 통칭하는 단어다. 역 주변에서자주 포교한다. 어두운 표정으로 길을 걷고 있는 사람이 타깃이다. 포교의 목적은 순수하지 않다. 위로를 가장하여 돈을 갈취하려고 한다.

친구 한 명이 '도를 아십니까'를 따라갔다. 친구는 어려운일을 겪었다. 직장에서 퇴사하고 결혼을 약속했던 연인과도헤어졌다. 우울한 마음으로 역 주변을 배회했다.

"인상이 좋으신데요. 혹시 도를 아시나요?"

친구는 그들이 누군지 알고 있었다. 금전적 목적이 있어 말을 걸었다는 사실도 알았다. 하지만 자신에게 말을 걸어준 그들이 정말 고마웠다.

"그러나 놀랄 것은 없습니다. 사탄도 빛의 천사로 가장합니다."(고후 11:14)

결국 현혹되어 그들의 근거지까지 자기 발로 따라갔다. 변명의 여지는 없었다. 흰옷으로 곱게 갈아입고는 제사상에 절을 올렸다. 제사비까지 지불했다. 당연히 고민은 해결되지 않고, 집에 가까워질수록 '이용당했다'는 허탈함은 깊어졌다.

만나서 대화해 보고 싶었다. 타인의 슬픔을 틈타 이익을 취하는 이들은 과연 누구인지. 유튜브 커뮤니티 게시판에 글을 올려 '도를 아십니까'가 활동하는 장소를 확인했다. 연신내, 수원, 부평, 홍대 등에서 활동하고 있다는 제보를 받았다. 귀인은 귀인이었다. 만나고 싶다고 만날 수 있는 사람들이 아니다. 만날 수 있을지 없을지 예측할 수 없었지만, 홍대를 선택했다.

최 PD와 촬영에 대해 가볍게 이야기했다.

"한 번에 그들을 만날 수는 없을 거야. 워밍업으로 생각하고 1시간만 돌아다녀 보자. 50m 뒤에서 스탠바이하고 나를 따라와 줘. 못 만나면 맛있는 저녁 먹으러 가면 되고, 만나면 한 번 촬영해 보자."

최 PD에게 한 말은 사실 자신에게 건네는 말이었다. 어떻게 될지 전혀 예상할 수 없었다. '오늘은 첫날이다. 실패해도 괜찮다. 만나지 못할 확률이 더 높다.' 통제할 수 없는 미래, 불안한 마음을 안심시켰다.

무작정 걷기 시작했다. 상수동 카페거리에서부터 공항철도까지, 홍대 정문에서 연남동까지 이 잡듯 거리를 뒤졌다. 날카로운 집중력으로 주변을 경계하되 너무 매서운 눈매로 살피지는 않았다. 말을 쉽게 받아줄 수더분한 사람으로 보여야 했다. 고민이 많은 척했지만 허탕이었다. 홍대를 넓게 한 바퀴 다 돌았을 때까지 아무도 말을 걸지 않았다. 돌아가려 했다.

"마음공부하는 사람인데 느껴지는 기운이 아주 깨끗하시거든요?"

깜짝 놀랐지만, 순식간에 마음을 다잡았다. 올 게 왔구나 싶었다. 짐짓 놀란 듯 답변했다.

"아, 제가요?"

"네. 저희를 우연히 만나는 건 아니고요. 뭔가 바뀌고, 풀리려고 할 때 만나시는데요."

길 건너편에서 따라오던 최 PD는 갑작스러운 대면에 당황했다. '도를 아십니까'가 자리를 잡기 전에 카메라부터 켰지만, 화면이 마구 흔들렸다.

"윗대에서 선한 기운이 많이 느껴지세요. 그렇지만 마음이 되게 복잡하실 거고."

"아, 맞아요. 요즘에 제가 하는 유튜브가 잘 안되가지고 고민이 많아요. 그래서 오늘 우울한 상태로 혼자 나왔거든요."

"흐흐흐, 그러세요?"

그녀들이 웃기 시작했다. 내 연기가 너무 완벽했을까. 아니면 확실하게 호구를 잡았다고 생각해서였을까. 어쩌면 둘

다였을지도 모른다.

"앉아서 이야기 좀 들어보세요."

"앉아서요? 어디서?"

"옛말에 목마른 사람 물 한 동이 떠주는 것도 복이 된다는데 음료수 한 잔 베푸실 수 있으세요?"

"아 제가요? 그럼 어디로?"

"저쪽에 카페가 있던데 괜찮으실까요?"

'도를 아십니까'의 이야기를 경청해 주는데, 대접도 내가 해야 했다. 다시 생각해봐도 어이가 없다. 그들은 베풀면 복이 온다고 했다. 시작부터 모순투성이였다. 만약 차와 음식을 베푸는 행위가 정말 복이 된다면, '도를 아십니까'는 누구보다 솔선수범해 차와 식사를 베풀어야 했다.

카페로 향하는 길에 '도를 아십니까'는 자연스럽게 나의 신상에 관해 물었다. 따뜻한 배려와 공감으로 치장했지만, 모든 질문은 나의 개인적이고 어두운 부분에 집중되어 있었다. 내가 겪은 아픔에 의미를 부여해 원하는 방향으로 대화를 이끌려고 했다. 알지만 속아 넘어가는 척했다.

카페에 도착했다. 사람이 많았고, 다른 장소로 옮겨야 할지 고민했다. '도를 아십니까'가 먼저 제안했다.

"그냥 편의점 앞에서 얘기하는 건 어떨까요?"

조금 놀랐다. 적어도 푸짐한 한 끼를 대접받길 원하는 줄 알았는데, 편의점 음료수에 만족하겠다고? 정말 순수하게 도를 전파하고 싶은 이상이라도 있는 것일까?

앞길을 막는 조상님이
내 조상님?

▶ ▶ ◀))

　최악의 상황을 상상하며 대화를 시작했다. 종교적 마찰 때문에 극단적인 상황이 벌어질 수도 있었다. 최소 말싸움을 하거나 폭력, 소란 등으로 경찰들이 출동하는 일 말이다. 영상을 촬영하기로 한 최 PD가 도착하지 않았다. 그들의 이야기에 귀를 기울이는 동시에 맞장구도 쳐야 하고, 촬영과 녹음에도 신경 써야 했다. 산만했다.

　"돈이나 일이 없으실 분이 아니세요. 일은 계속 있으실 분이시거든요."

　"아, 일 되게 좋아해요."

　"그런데 내 수중에 있을 돈보다는 나가실 게 많으시거든요. 사람을 만나도 마찬가지고요. 내가 항상 챙겨줘야 하고, 남을 알아줘야 하고, 맞춰줘야 하고."

이 사람들, 어떻게 나의 마음을 꿰뚫어 보고 있지? 마음이 열릴 뻔했다. 맞는 말이다. 수년을 일했지만, 수중에 들어오는 돈보다 나가는 돈이 많았다. 사람을 챙겨야 하는 직업이다 보니 마음도 돈도 지출이 많았다. '도를 아십니까'가 내 마음을 이해하고 있다는 느낌이 들었다. 위로받는 자신을 보며 당황스럽기까지 했다. '내면을 꿰뚫어 보는 걸까? 아뿔싸. 벌써 현혹되고 있구나.' 흔들린 마음을 다잡는다. 그들은 누구나 겪을 수밖에 없는 보편적인 인생의 어려움을 이야기하는 것뿐이다. 냉정하게 생각해 보자. 누구에게나 통장은 빈무덤이다. 월급이 들어오자마자 썰물처럼 빠져나가 버릴 때의 허탈감. 게다가 청년은 늘 돈이 부족하다. 그들의 주장에 대한 근거를 확인해 봐야겠다.

"어떤 걸 보고 그렇게 아세요?"

"기운, 타고난 기운 보고요."

"아, 그냥 기운 보고?"

"네, 많이 강하세요."

그들의 말에는 어떤 논리적 근거도 통찰도 없었다. 메뉴
얼에 적힌 내용을 읊조릴 뿐이라고 확신했다. 타인의 슬픔을
이용하는 간악함이 보였다. '도를 아십니까'는 노트에 필기
까지 하는 열정을 보이며 그들의 교리를 전달하려 노력했다.
말도 안 되는 소리에 나의 눈은 점점 감겼다. 그렇게 졸기 직
전이었는데, 내가 잘 풀리지 않는 이유를 듣자마자 분노가
올라왔다.

"원래 좋은 기운이 나에게 미쳐야 하는데, 이 기운이 다
튕겨 나가고 계세요."

"아 지금, 제가?"

"왜냐하면 중간에 중천, 들어보셨어요? 객사, 사고, 질
병, 암, 단명, 자살로 돌아가신 분들이 떠돌고 헤매는 공간인
데…… 친가 쪽이나 외가 쪽에 아시는 분 있으세요?"

먼저 소천한 가족들이 떠올랐다. 내가 잘 풀리지 않는 이

유가 가족들의 원혼이 좋은 기운을 막고 있어서라니. 화가 났다.

"우리와 너희 사이에는 큰 구렁텅이가 가로 놓여 있어서, 여기에서 너희에게로 건너가고자 해도 갈 수 없고, 거기에서 우리에게로 건너올 수도 없다."(눅 16:26)

성경은 사람이 죽으면 천국과 지옥으로 간다고 말한다. 또한 천국과 지옥 사이에는 큰 골이 있어 드나들 수도 빠져나올 수도 없다고 가르친다. 그런 기독교의 교리상, 원혼이 복을 막는 건 말도 안 된다. 하나님께로 가든지, 하나님 없는 곳으로 가든지 둘 중 하나이기 때문이다. 정말 원혼이 존재한다고 해도 세상에 남겨진 사랑하는 가족들의 앞길을 막는 부모/형제가 어디 있다는 말인가? '도를 아십니까'의 변증은 인간의 보편적인 마음을 전혀 헤아리지 못하는 한낱 말장난일 뿐이었다. 그들에게 물었다.

"그럼 어떻게 해야 하나요?"

"중천에 문을 여셔서 (조상들이) 가실 수 있게 보내주셔야 해요. 문 여는 방법은요. 정성을 뜻하는 떡, 대추, 밤, 감, 사

과, 배와 함께 '술술술 풀려라'하고 술 한 잔 따라드릴 수 있
는 정성을 가진 분이라 저희를 만나신 거거든요."

"네. 네."

"만난 날이 길일(운이 좋고 상스러운 날)이세요."

"아 오늘이 길일이에요?"

"네. 연신내로 같이 가셔서 정성 좀 드려주세요."

필연을 우연으로 가장한 이유도, 나의 신상을 묻고 좋지
못한 일들을 위로한 이유도, 어려운 상황을 벗어날 해결방안
을 제시한 이유도 모두 이 순간을 위해서였다.

"아, 그럼 뭐 돈을 얼마를 내야 하는 건가요?"

"보통은 나잇값을 드리는데요, 오늘은 과일만 사셔도 돼
요."

그들에 따르면 나이에 따라 지불해야 하는 금액이 다르

다. 보통은 한 살당 만 원이라는 이야기를 들었다. 나는 서른다섯 살이니 35만 원을 내야 한다.

"과일값은 얼마나 될까요?"

"할 수 있는 만큼만 내시면 돼요."

무서운 이야기이다. 자유롭게 돈을 내라고 하지만 그들의 아지트에서 어떤 일이 벌어질지는 아무도 모른다. 그들이 원하는 만큼 돈을 내지 않는다면 협박과 위협을 당할 수도 있다.

전도의 디테일:
배려와 기선제압 사이

▶ ▶ ◀))

"인복이 많다고 하셨는데 제가 인복이 많긴 한 것 같아요. 두 분 만난 것도 보면."

"그쵸."

'도를 아십니까'에게 대화 주도권을 가져오기 위해 화제를 돌린다. 작은 칭찬으로 환심을 샀다.

"근데 혹시 두 분이 나이가 어떻게 되세요?"

"20대 후반이에요."

놀란 척, 말을 이었다.

"아, 정말요? 저는 한 20대 중반 정도로 봤거든요."

"깔깔깔."

여성분들의 웃음이 터져 나왔다. 칭찬에 고래도 춤춘다더니. 나는 거짓말이 얼굴로 드러나는 편인데, 거짓말은 아니었다. 정말 동안이긴 했다.

"제가 좀 나이가 많거든요. 마스크 벗으면 노안이긴 한데."

"깔깔깔깔."

"그러면 제가 좀 편하게 동생으로 생각해도 될까요?"

좋은 분위기 속 친밀함을 표현하려 했다. 그분들은 웃다가 표정을 굳혔다.

"편하게 생각하셔도 되는데 예의를 지켜주세요."

실패했다. 유쾌한 분위기를 틈타 나이로 우위를 점하려고 했는데 그분들도 보통내기들이 아니었다. 길거리 전도의 실전 경험에서만큼은 나보다 나았다.

"아, 그러면 호칭은 존칭을 쓰겠습니다."

관계의 선을 제대로 그었다. 너무 과감하게 친밀함을 표현했을까? 실패를 빠르게 인정했다. 대화에 성과가 없었던 것은 아니다. 오히려 관계가 정리됐다. 적당한 거리를 유지하며 대화했다.

"제 얘기를 좀 해도 될까요?"

"어떤...?"

"저도 20대 때 이런 게 궁금해서 공부를 진짜 많이 했거든요. 우리나라가 원래 단군신화같은 샤머니즘이 있었죠. 통일신라시대는 불교국가였고, 조선은 유교를 받아들였고."

20분에 걸쳐 한국 종교사에 관해 설명했다. 지식 자랑으로 우위를 점하려고 했다.

"제가 정말 진리가 궁금해서 사서삼경부터 제자백가, 도덕경, 장자, 힌두교, 조로아스터교, 불교 등등 이런 책들을 다 읽었거든요. 그런데 제가 공부한 바로는 이 세상의 대부분 종교, 무속신앙이든 샤머니즘이든 다 특징이 있어요."

"어떤 특징이?"

"기브 앤 테이크에요. 전부 다."

'도를 아십니까'의 마음을 불편하게 하기로 마음먹었다. 복음을 전하기 위해서는 때때로 상대방의 생각에 도전해야 한다. 상대방을 너무 배려하면 복음을 전할 기회를 영영 잃고 만다.

좋다는 말에 대해 생각한다. 그리스도인에게 두 가지 좋음이 있다. 타인에게 잘 대해줘서 좋은 사람이 되는 일과 모든 사람에게 좋은 복음. 하지만 전도에 두 모델이 공존할 수 없는 순간이 있다. 전도는 타인의 세계관에 도전하는 일이기 때문이다. 당연히 상대방을 기분 나쁘게 한다. 여태 믿어왔던 삶의 방향과 반대되는 진리를 이야기하는데 즐거워할 사람이 어디 있을까? 하지만 이렇게 생각하자. 잠깐 좋은 사람이 되느니, 정말로 좋은 사람이 되자고. 정말로 좋은 사람은 복음을 전하는 사람이다. 단순히 좋은 사람이 되는 편보다 사랑의 하나님이 얼마나 좋은지, 진정한 좋음을 알리는 편이 좋다. 상대방에게는 오늘이 좋은 복음을 들을 수 있는 마지막 순간일지도 모른다. 나중에 전도대상자가,

"아, 그때는 정말 감사했습니다. 오히려 주님을 알게 되어 좋았습니다."

라고 말할지도 모른다. 물론 전도 대상자의 세계관에 도전한다고 해서 싸우자는 이야기는 아니다. 배려와 긴장, 도전에는 이 둘 간의 줄다리기가 중요하다. 무턱대고 윽박지르지는 말자.

"하나님의 말씀은 살아 있고 힘이 있어서, 어떤 양날칼보다도 더 날카롭습니다. 그래서, 사람 속을 꿰뚫어 혼과 영을 갈라내고, 관절과 골수를 갈라놓기까지 하며, 마음에 품은 생각과 의도를 밝혀냅니다." (히 4:12)

교회를 비판하지 않는 이유

저의 20대는 비판으로 점철되어 있었습니다. 스스로 깨어 있는 지식인이라 생각했고, 비판을 통해 타인이 변하리라고 믿었습니다. 물론 건전한 비판은 필요합니다. 하지만 반드시 대안과 실천이 겸하여진 비판이어야 합니다.

예수님께서는 비판을 경계하셨습니다. 내가 하는 그 비판대로 비판받으리라고 말씀하셨습니다. 제 눈에 있는 들보는 작게 보이고 남의 눈엣가시는 커 보이는 까닭입니다.

예수님께서는 십자가를 지셨습니다. 자신을 죽음으로 내던졌고 인류를 구원하셨습니다. 비판하기보다 행동하셨습니다. 논리와 이성만으로는 사람을 변화시킬 수 없습니다.

교회를 개혁시킬 유일한 대안은 비판이 아닌 복음입니다. 한사람, 한사람이 예수님을 진정 주인으로 섬길수록 교회는 개혁되기 시작합니다.

"그런데 어찌하여 그대는 형제나 자매를 비판합니까? 어찌하여 그대는 형제나 자매를 업신여깁니까? 우리는 모두 다 하나님의 심판대 앞에 서게 될 것입니다." (롬 14:10)

세계관의 중심이 누구인가요?

어떤 종교의 신은 항상 머리끝까지 화가 나 있다. 그리고 우리는 그들의 화를 가라앉혀 주어야 한다. 결국 내가 그 신을 위해 무언가를 해주어야 그는 마음을 돌릴 것이며, 그가 마음을 돌려야 우리에게는 화평과 안정이 있다.

'도를 아십니까'와 대화를 이어 나갔다.

"그런데 제가 공부한 바로는 이 세상의 모든 종교, 무속신앙이든 샤머니즘이든 다 특징이 있어요."

"어떤 특징?"

"기브 앤 테이크에요."

"아."

"전부 다. 그래서 정화수를 떠서 빌든, 심청이를 인당수에 빠뜨려서 바다의 신의 노를 잠재우든, 전부다 기브 앤 테이크 관계에요. 제가 생각할 때 기독교의 신만 기브 앤 테이크가 아니에요. 우리가 믿는 다른 모든 종교나 다른 모든 신은 다 내가 뭔가를 해서 그 존재의 분노를 잠재워 줘야 해요. 그 존재의 분노를 잠재워야 내가 잘되는 거거든요?"

'도를 아십니까'의 신은 항상 등가교환을 원한다. 신에게 인정받기 위해 행동하라고 말한다. 그러면 무언가를 보상한다고 유혹한다. 인간이 해낼 수 있는 신에 대한 최대한의 상상력이다. 고작 인간의 욕망을 충족해 줄 신일 뿐이다. 인간의 욕망에서 태어난 신이 어떻게 인간을 구원할 수 있을까? 오히려 인간의 한계를 긍정할 뿐이다. 우리를 한계 밖으로 끄집어낼 수 없다. 신이 무엇이 부족해서 인간과 등가교환을 해야 한단 말인가? 그것도 나이에 맞춰 한국 돈으로 정성을 지불해야 한다니?

하나님은 우리의 존재를 초청하신다. 기독교의 하나님은 인간 누구나 가지고 있는 '믿음'이라는 수단을 사용하여 우리를 초청하신다. 그분은 자존하시기에 우리의 정성과 노력을 필요로 하지 않으신다. 오히려 우리를 위해 모든 것을 주셨다. 하나님께서 우리를 먼저 아셨고, 지으셨으며, 우리를 위해 돌아가셨다. 이 사실을 받아들이고 신뢰를 구축하길 원하신다. 그 신뢰의 핵심은 사랑과 믿음이다. 언제든 괜찮으니 아버지의 집으로 돌아오기만 하라신다. 우리에게 후히 주시고 꾸짖지 아니하시는 분, 바로 하나님이시다.

"신이라고 해도 의미는 달라요, 여러분들이 말하는 신은 귀신이죠. 동양철학에서의 신은 인간의 영혼이 육체를 벗어서 신이 됩니다. 귀신이라고들 하죠. 그런데 기독교에서 말하는 신은 그런 신이 아니에요."

"아 유일신?"

'도를 아십니까'의 입에서 유일신이라는 단어가 나왔다. 귀신은 불완전한 신이다. 불완전하다는 것은 자존할 수 없다는 뜻이다. 하나님은 완전하신 분이자, 존재의 원인이시다. 만약 하나님께서 귀신과 같이 불완전한 존재라면 정말 우리에게 무언가를 요구할 수도 있겠다. 과일과 돈을 필요로 하는 자존할 수 없는 신이 우리를 위해 무엇을 해줄 수 있을까. 대부분의 부모님은 자녀에게 무언가를 요구하지 않는다. 물론 심부름, 집안일 등을 시키긴 하지만 중요한 순간에는 늘 자녀를 위해 헌신하신다. 아, 귀신을 믿는다고? 부모님보다 못한 신 때문에 고생해야 하는 인간의 굴레라니.

"하나님은 유일신이시죠. 기브 앤 테이크가 없는, 스스로 이미 만족해하시는 신께서 우리를 너무 사랑해서 우리를 위해 죽었다고 이야기해요. 그가 우리를 위해 죽고 우리에게 있는 모든 저주의 권세들이 다 끊겨져 나가, 더 이상 기브 앤 테이크의 관계가 아닌 아빠와 자녀 관계가 됐다고 이야기하거든요?"

"음……."

"그래서 진짜 두 분 말씀대로 저를 잘 만나신 것 같아요."

"……? 으하하."

잠시 멍때리던 '도를 아십니까'는 그때서야 상황을 파악했다. 나는 '도를 아십니까'를 전도하기로 마음을 먹었다.

"오늘 연신내에 가서 공덕을 드릴 게 아니라 두 분이 우리

교회로 갔으면 좋겠어요."

"우리는 갈 생각이 없습니다! 우리는 갈 생각이 없다고
요!"

여러 번에 걸쳐 설득을 시도했지만, 그들은 생각을 돌릴
마음이 없어 보였다. 단호했다.

인간의 힘은 무력하다. 신앙의 문제에 있어서는 더 그렇
다. 내 힘으로 누군가를 설득할 수도, 교회에 오게 만들 수도
없다. 8년간의 전도 경험이 말해준다. 그들이 믿는 신과는
비교도 안 되는 하나님을 소개했지만, 소용없었다. 그럼에도
불구하고 하나님을 전해야 했다. 전도는 블록을 쌓아가는 일
이다. 하나님께서 일하실 작은 블럭 하나를 올리는 일이다.
언젠가는 하나님께서 블럭을 완성시키실 거라 믿는다. 좋은
말 한마디보다 하나님에 대해 전하는 말 한마디가 그들의 인
생의 위급한 순간에 그들을 건질지 모른다.

큰 도로로 나와 촬영하던 최 PD를 기다렸다. 멀리서 최
PD의 모습이 보였다.

"나 일어난 다음에 도민걸들은 무슨 이야기 하든?"

"밥 뭐 먹으러 갈지 얘기하던데요? 아마 엽떡 먹으러 갈 것 같아요."

"……."

"'도를 아십니까'를 전도해봤다"

성경이 아픔을 불러일으킨다면

▶ ▶| ◀))

　신천지에서 탈퇴한 성도님은 죄의식에 시달렸다. 하나님을 위해 노력했던 모든 일이 사실 비성경적이었기 때문이다. 신천지는 그녀를 세뇌했다. 성도님은 방황을 이기기 위해 성경을 펼쳤지만, 성경을 읽을 때마다 신천지에서 배웠던 교리들이 떠올렸다. 성경을 펼치는 일에 위로보다 고통을 받았다.

　"어려운 순간에도 하나님을 붙들기 위해 노력하셨네요. 성경을 읽기 위한 노력도 정말 감동적입니다. 그런데 당분간은 성경을 읽지 않고 조금 쉬면 어떨까 싶어요. 수년간 신천지에 속았다고 생각하니 얼마나 마음에 큰 상처를 입었겠어요. 하나님을 향한 노력을 기울여도 마음은 상처받지 않기 위해 성경 읽기를 거부하는 중이거든요. 쉬다 보면 회복될 거고, 점차 성경을 읽고 싶은 마음도 살아날 거예요."

"신천지가 보는 성경시험"

오만과 불안

사람을 통해 배웠다. 3년간 라이브 방송을 하면서 상담한 사람 수를 세어보니 7,000명 정도였다. 인스타와 메일을 통해서도 상담이 날아들었다. 답하는 과정이 쉽지는 않았다. 내담자들은 내 스승이 되었다. 청년들의 삶과 마음, 그리고 문화를 배웠고, 무엇을 고민하는지도 엿볼 수 있었다.

대한민국의 대표적인 대학 선교단체의 청년에게서 메일이 왔다. 청년은 하나님을 기쁘시게 하기 위해 지난 1년간 금욕을 했다. 하지만 좋지 못한 동영상을 봤고 죄를 지었다고 고백했다. 청년은 하나님께 버림받을지 모른다는 두려움에 휩싸였다.

"전 죄를 지었고 하나님은 저를 용납하지 않으실 겁니다. 이제 저는 어떻게 살아가야 할까요?"

내게 신앙상담을 요청하는 청년들은 대부분 하나님을 향한 열정이 있다. 관심이 없으면 고민도 없다. 하나님 앞에 올바로 살기를 결단하는 친구들에게 비슷한 문제가 있었다. 머리로는 '믿음으로 구원받는다'는 사실은 알고 있으면서, 실제 신앙생활은 '행위'로 구원받는 것처럼 행동했다. 믿음으로 구원받았다고 고백하면서도, 자기 삶이 성경과 어긋나면 하나님이 자신을 버리실지 모른다며 불안해했다. 결국 하나님과의 관계가 흔들렸고, 구원을 의심하기 시작했다.

"기도를 한 시간 하면 하나님께서 절 좋아하실까요? 술을 마시면 하나님께서 절 버리실까요?"

이 질문 이면에는 옳은 행동을 통해 하나님을 만족시킬 수 있다는 인간의 오만이 숨어있다. 하나님 앞에 게으르거나 죄를 저질렀을 때, 버림받을 수 있다는 불안도 숨어있다. 오만과 불안, 둘 모두 좋은 결과를 보장하지 않는다.

하나님께서는 온전한 선행에 따라 인간의 구원을 결정하지 않으신다. 우리의 모든 행동은 불완전하다는 사실을 누구보다 잘 아신다. 하나님께서는 우리의 모든 죄를 예수 그리스도의 십자가에 담당시키셨다.

"사람은 마음으로 믿어서 의에 이르고, 입으로 고백해서 구원에 이르게 됩니다." (롬 10:10)

우리는 하나님 앞에 노력해야 하지만, 좋은 판결을 받기 위해 발버둥 칠 필요는 없다. 예수 그리스도께서 이미 우리들을 위해 십자가에 못 박혀 죽음으로, 하나님께서 우리를 인정하기로 결정하셨기 때문이다. 오히려 하나님께서 든든한 후원자가 되셔서 우리를 양자 삼아 주셨다. 우리의 신분이 변화되었기 때문에 우리의 삶은 이미 달라졌다. 그리고 앞으로도 계속 달라질 것이다. 내 노력보다 중요한 것은, 예수 그리스도를 주인으로 받아들였냐는 사실이다.

유튜브 사역의 영적원리

때론 성공한 사람들을 만납니다. 그들에겐 그들만의 아우라가 있습니다. 인생의 역경과 시련이 그들을 빚어왔기 때문입니다. 유한한 인간에게도 나름의 포스가 있는데, 대체 예수님을 만난 사람들은 어떤 느낌을 받았을까요?

"그에게는 고운 모양도 없고, 훌륭한 풍채도 없으니, 우리가 보기에 흠모할 만한 아름다운 모습이 없다." (사 53:2)

이사야의 말대로라면, 예수님은 외적 매력이 부족한 사람이었을 겁니다. 그렇지만 사람들은 예수님을 통해 하나님을 보았습니다. 기독교 컨텐츠는 세속적 매력이 없을지 모릅니다. 예수님도 그랬으니까요. 하지만 그 이상의 것을 가지고 있어야 합니다. 하나님의 영광이요. 하나님의 영광이 수 많은 크리에이터들을 통해 표현되길 기도합니다.

"그 말씀은 육신이 되어 우리 가운데 사셨다. 우리는 그의 영광을 보았다." (요 1:14)

하나님을 향한
모멘텀

▶ ▶┃ ◀》

모멘텀: 물체가 한 방향으로 지속해서 변동하려는 경향

젊었을 때의 방탕한 생활을 접고 예수님을 만난 형님이 계신다. 형님은 담배만은 끊지 못했다. 흡연이 죄다, 아니다의 가치판단을 하고자 하는 게 아니다. 담배는 하나의 방아쇠가 되어 과거의 방탕한 삶으로 회귀하길 요구했다. 담배를 피울 때마다 죄의식에 시달렸다.

"네가 과거에 그렇게 살았는데 무슨 예수를 믿느냐? 예수가 너를 받아주기나 할 것 같냐? 그냥 편하게 살아."

사탄이 속삭였다. 믿음으로 구원받는다는 사실을 잘 알면서도 하나님이 자기 행동을 받아들여 주지 않을 것 같아 불안했다.

담배를 끊으려고 수없이 노력했지만 실패했다. 실패할 때마다 더 깊은 죄의식에 빠졌다. '그래, 역시 난 안돼. 난 틀렸어.' 다시 술을 입에 댔고, 과거의 모습으로 돌아가기도 했다.

그렇게 일어나고 넘어지고를 10년이나 반복하던 어느 날, 형님은 반바지에 슬리퍼 차림으로 담배를 사러 나가고 있었다. 그날따라 골목길이 다르게 보였고, 마음이 차분히 가라앉았다. 옆으로 뛰어가며 장난치는 아이들을 보며 생각했다. '그래, 지금까지 담배 지겹게 피웠다.' 형님은 그날로 담배를 끊었다고 한다.

믿음으로 구원받았기 때문에, 우리의 생활 습관과 무의식은 구원받기 전과 다를 바가 없다. 여전히 하나님의 자리에 세속적인 욕망이 들어오려 하지만, 결정적인 죄의 경향성은 끊어져 있다. 죄가 죄임을 알았기에, 죄에서 벗어나기 위해 노력한다. 하지만 잘 안 된다.

인간의 삶은 사건별로 나눌 수 없고 연속한다. 한 번의 휘청거림에 인생 전부를 실패로 단정할 수 없다. 한 번 실패했다고 좌절하고 낙담하는 것, 그 순간의 기분에 휩싸여 하나님과 멀어지는 일을 경계해야 한다.

하나님을 향한 마음을 그래프로 그려볼 수 있지 않을까? 모멘텀은 그래프가 상승 혹은 하강하려는 경향을 뜻하는 단어다. 하나님을 향한 모멘텀도 있다. 수 없는 노력이 실패로 끝난다고 해도, 하나님을 향해 상승하는 모멘텀을 보일지 모른다. 노력하고 있으니까. 하나님께 가까이 가려는 노력 말이다. 그러다가 어느 순간, 하나님께서 정하신 순간에, 그 경향성은 다음 단계로 진입한다. 형님이 담배를 지겹게 피웠다고 생각한 그날처럼 말이다.

그리스도인의 진짜 자존감

역사상 가장 가난한 시대를 살아가고 있습니다. 먹고 사는 데에는 지장이 없지만, 마음은 어느 때보다 가난합니다. 다른 사람들과 우리를 격렬하게 비교하기 때문입니다. SNS를 통해 소위 잘나가는 사람들의 이야기를 방구석에서도 접하게 됩니다. 그 과정에서 우리의 마음은 뒤틀립니다. 하나님이 창조하신 다양성에 집중하기보다는 돈, 성공과 외모에서 앞서는 사람만을 생각하게 됩니다.

하나님께서 우리를 창조하셨다는 사실은 놀라운 자존감을 허락해 줍니다. 예를 들어, 제가 건널목을 건너려는데 덤프트럭이 저를 덮칩니다. 위급한 상황입니다. 그때 우연히 그곳을 지나던 대통령이 덤프트럭 앞으로 뛰어듭니다. 나를 밀쳐내고는 대신 죽습니다. 만약 대통령보다 더 위대한 우주의 신이 나를 위해 죽었다면? 그 사실 하나만으로도 우리는 현실을 이길 정체성을 갖게 됩니다.

예수님께서 저와 여러분을 위해 돌아가시고 부활하셨습니다.

환경이 나를 통제하지 않도록

▶ ▶∣ ◀))

1,000명이 넘는 코로나 확진자가 발생해 사회적 거리두기 4단계에 돌입했다. 예배를 비대면으로 전환했다. 비대면으로 예배를 진행해야 하는 첫날이었다. 한숨 더 자고 싶었다. '본능에 따라 다시 꿈속으로 들어가고 싶다. 어떤 방법이든 좋다. 오늘 일어날 일을 회피하고 싶다.' 그러나 언제까지 누워있을 수는 없었다. 오른쪽 머리맡의 스위치를 눌러 무드등을 끄고 블라인드를 걷었다.

주일이라 재빨리 씻고 출근했다. 교회 밑 1층 카페는 아직 열지 않았다. 나는 카페인으로 하루를 시작하지 않으면 정신이 들지 않는다. 주님을 찾기 전에 커피라니. 예배당으로 향했다. 기도부터 하는 것이 하나님께 대한 예의라고 배워왔지만, 도저히 마음이 생기지 않았다. 출입문 쪽 맨 뒷자리에 앉아 짧게 기도했다.

"주님 살려주십시오."

비대면 예배 때문에 마음이 무너졌다. 하지만 교회가 방역 수칙을 잘 지켜서 모범을 보여야 한다. 나라가 혼란스러울 때, 다른 국민을 위해 조금 더 확실하게 방역을 진행하며 예배드려야 할 필요가 있다. 교회를 통해 확진자가 발생하는 것에 대해서도 책임감을 느낀다. 내가 시무하는 교회는 아니지만 예수 그리스도의 몸이고 결국 하나의 교회라는 생각에 도의적인 책임을 느낀다.

비대면 예배로 인한 마음의 슬픔은 벗겨낼 수 없었다. 어떻게 할 수 있을까? 환경을 바꿀 수 없다면 마음을 바꾸는 수밖에. 자꾸 환경의 문제를 곱씹다 보면 환경이 나를 통제하게 된다. 그런 상황이 지속되면 하나님을 바라볼 수 없다.

"그래서 경비대장이 경비대원들과 함께 가서, 사도들을 데리고 왔다. 그러나 그들은 백성들이 돌로 칠까봐 두려워서 폭력은 쓰지 않았다. 그들이 사도들을 데려다가 공의회 앞에 세우니, 대제사장이 신문하였다. '우리가 그대들에게 그 이름으로 가르치지 말라고 엄중히 명령하였소. 그런데도 그대들은 그대들의 가르침을 온 예루살렘에 퍼뜨렸소. 그대들은 그 사람의 피에 대한 책임을 우리에게 씌우려 하고 있소.'

베드로와 사도들이 대답하였다. '사람에게 복종하는 것보다, 하나님께 복종하는 것이 마땅합니다. 우리 조상들의 하나님은 여러분이 나무에 달아 죽인 예수를 살리셨습니다.'"(행 5:26-30)

　베드로와 사도들은 예수님을 전하다가 대제사장의 심문을 받았다. 베드로와 사도들은 환경을 보지 않았다. 오히려 담대히 말한다. '사람에게 복종하는 것보다 하나님께 복종하는 것이 마땅합니다.' 어려울수록 우리는 환경을 보게 되고 낙심한다. 그리스도인은 어려운 환경보다 더 큰 분을 안다. 우리의 환경을 통제할 수 있는 분, 하나님. 하나님께서 우리의 환경을 대신 통제해 주시고, 우리는 어려움을 극복할 수 있다.

　나도 심방으로 최선을 다하기로 다짐했다. 30명을 모두 심방하기로 했다. 그렇다고 심방이 코로자 자체를 타개할 수 있는 방책은 아니다. 오직 하나님 한 분만 이 모든 상황을 종결시킬 수 있으시다고 믿는다. 하나님께 모든 어려움을 드리자. 우리가 봐야 할 것은 환경이 아니라, 하나님이다.

"크리스천에게 고통이란"

하나님 더 좋아 할라심인 정

고난 속의 하나님

▶ ▶︎ ◀))

코로나 때문에 교회도 문을 열 수가 없었다. 성도분들이 어려움을 많이 겪었다. 어려울 때일수록 하나님을 붙잡아야 하는데 예배는커녕 교회 문지방을 밟기도 어려워졌다. 대안으로 온라인 예배가 생겼지만, 오프라인 모임을 축소했다. 성도들은 온라인 예배라는 가느다란 실타래로 신앙생활을 이어 나갔다. 온라인에 복음을 심으려 노력했지만, 오프라인 붕괴는 참담했다. 섬기는 교회의 목회자들도 온라인 예배에 적응하느라 정신이 없었다.

코로나 때문에 취업은 더 힘들어졌다. 사업장이 힘들어지면 당연히 취업 문은 좁아진다. 청년들의 노력만으로 극복할 수는 없었다. 대학 졸업 후, 1~2년 정도 취업 준비를 하는 청년들을 볼 때마다, 마음이 찢겨나갔다. 수십 곳의 병원에 이력서를 냈지만, 면접에서 고배를 마시는 형제도 있었다. 좋은 성적으로 대학을 졸업했지만, 취업 문을 넘지 못해 자존감이 떨어진 자매도 있었다. 청년들의 취업난은 내 책임 같았다. 나를 자책했다. 왜 기도 한 번에 취업이 이루어지고, 취업예정일을 예언하는 은사가 내게 없을까? 왜 내게는 사람들을 위로하는 능력이 없을까? 설교와 예배를 통해 사람들의 마음을 위로할 수 있다면 얼마나 좋을까? 주님께서 길을 인도하신다는 확신은 가지고 있다. 하지만 극복할 수 없는 환경 속에서 목회자로서 위축되는 건 어쩔 수 없는 사실이었다. 능력도 없고, 청년들에게 무엇 하나 해줄 수 없는 스스로가 바보같이 느껴졌다.

코로나로 어영부영 한 해가 가고 2020년의 마지막 주가 되었다. 설교를 준비하면서부터 자꾸 눈물이 났다. 올 한 해 동안 고난을 견디며 하나님을 붙든 청년들을 생각하니 울컥했다. 설교를 준비하면서부터 눈물이 고였는데, 강단에 올라가 청년들을 보자마자 눈물이 터졌다. 한 해 동안 정말 고생했다고, 괜찮다고, 앞으로는 좋은 일이 있을 거라고 말해주고 싶었다. 하지만 공감과 위로를 마음속으로 삭혔다. 감정에 호소하는 위로를 넘어, 하나님 자체가 우리 삶에 어떤 위로가 되는지 설교했다.

"우리가 올 한 해 주님 안에서 정말 많이 단단해지고 성장했습니다. 내년에도 어려움은 있겠지만, 주님, 우리가 반드시 성장할 것입니다. 주님, 우리가 어려움을 감내하지 못하고, 이겨내지 못하겠지만, 그 어려움을 받아들이고, 주님 앞에 우리의 내면과 인격, 믿음과 신앙이 성장하리라 믿습니다. 주님께서 원하시는 길을 계속 걸어갈 것입니다. 절망 속에서도 하나님께서 함께하심을 믿습니다.

제가 희망을 품는 이유가 있습니다. 제 자신의 능력이나, 도덕성이나, 선한 일을 해서 희망을 품는 것이 아닌, 하나님의 성품에 희망을 품습니다. 하나님의 사랑은 우리들의 사랑처럼 일시적이거나, 감정에 따라 좌지우지되는 그런 사랑이 아니고, 영원하고 굳건하고 변함없는 사랑입니다. 하나님의 사랑은 우리의 과거를 기억하지 않으시겠다는 인내의 사랑입니다. 세상에서 가장 무서운 일은 사람들이 저의 잘못을 세고 있는 것입니다. 부모님께 종종 이런 이야기를 듣습니다. '너 이번이 마지막이야.' 하나님께서 우리에게 이렇게 말씀하신다고 생각해보세요. 얼마나 무서울까요? 하지만 하나님은 말씀하십니다. '과거에 묶여있지 마라. 가라! 과거의 상처와 트라우마, 상처를 주었던 사람들에게, 미워하는 사람들에게 마음을 쓰지 말고, 내가 너에게 보여줄 땅 그곳으로 가라.'"

"너희는 지나간 일을 기억하려고 하지 말며, 옛일을 생각하지 말아라."(사 43:18)

역경은 우리의 내면을 강하게 만든다. 자신의 의지가 강해지도록 훈련하는 것이 아니라, 자기 자신과 하나님의 관계를 돌아보고, 하나님을 처음 만났을 때 가졌던 초심을 돌아보게 한다. 그리고 하나님의 말씀에 따라 하나님께 희망을 품게 한다. 청년들도 자신을 돌아보며 하나님과의 관계를 새롭게 했다. 새벽기도 모임을 만들고, 스스로 성경 공부를 시작했다. 내가 한 일은 아무것도 없다. 오직 어려운 시기에 청년들의 마음을 두드리신 하나님과 하나님께 마음 문을 연 청년들 덕분이다. 청년들은 코로나 속에서 하나님과 스스로 자라났다. 광야에서 성장한 이스라엘 민족처럼 말이다.

"오직 너는 크게 용기를 내어, 나의 종 모세가 너에게 지시한 모든 율법을 다 지키고, 오른쪽으로나 왼쪽으로 치우치지 않도록 하여라. 그러면 네가 어디를 가든지 성공할 것이다."(여호수아 1:7)

크리스천 현실 연애

▶ ▶∣ ◀)

　연애 특강 요청이 쏟아졌다. 대체 왜 나에게 연애 특강을 부탁하는 걸까? 글을 쓰고 있는 현재, 나는 솔로다. 물론 당신이 이 글을 읽는 현시점에서는 연애 중일 확률이 거의 100퍼센트다(주님……). 그런데 어떤 이들은 나를 '기독교 연애 전문가'라고 부른다. 지난 3년간 10,000건이 넘는 상담을 진행했는데, 그중 2~30프로가 연애 상담이었다. 연애 고민 상담만 3,000건이 넘었다. 대한민국 목회자 중 이 정도의 기독교 연애 표본을 확보한 분들은 많지 않으리라.

　보통은 교회에서 꺼내기 힘든 연애 문제들을 상담한다. 어떤 이들은 교회에 좋아하는 사람이 있기도 하고, 연애하면서 어떻게 하나님과의 관계를 유지할지 고민하는 청년도 많다. 어떤 교회는 형제/자매가 만나지 못하도록 한다. 같은 교회에서 사귀면 공동체에 문제가 된다고 생각한다. 하지만 여전히 청년들은 교회에서 자신의 반쪽을 찾는다.

우리의 마음은 절대적 존재인 하나님으로 채워져야 하는 부분과 배우자라는 유한한 존재로 채워져야 하는 각각의 부분이 존재한다. 인간은 짝이 필요하다. 아담은 하나님과 직접 소통할 수 있었다. 얼마나 황홀했을까? 그런데도 아담은 시간이 지날수록 외로움을 느꼈다. 만약 하나님만으로 마음을 채울 수 있다면 아담은 '이제야 나타났구나 (창2:23).' 라는 말을 하지 않았을 수 있다. 하나님께서도 이 사실을 알고 계셨다.

"주 하나님이 말씀하셨다. "남자가 혼자 있는 것이 좋지 않으니, 그를 돕는 사람, 곧 그에게 알맞은 짝을 만들어 주겠다."(창 2:18)

하나님께서는 아담의 외로움을 마음 아파하셨다. 아담의 필요를 채워주고 싶어 하셨다. 아담이 잠든 틈에 그의 갈비뼈를 꺼내 여자를 만드셨다. 아담의 갈비뼈를 취해 하와를 만드신 사건은 결국 부부가 둘이 아니라 하나라는 의미이다. 남녀가 평등하다는 의미이다.

"그 때에 그 남자가 말하였다. '이제야 나타났구나, 이 사

람! 뼈도 나의 뼈, 살도 나의 살, 남자에게서 나왔으니 여자라고 부를 것이다.'"(창 2:23)

청년들은 남녀를 막론하고 아담이 느꼈던 외로움을 똑같이 느낀다. 아담은 자신의 짝을 찾는 데에 별다른 노력이 필요하지 않았다. 여자라고는 하와밖에 없었기 때문이다. 외로움은 있지만 연애 고민 없는 최초의 인간. 현대에는 수많은 남자와 여자가 존재한다. 아담과 하와 이후 새로운 사명이 생겼다. 하나님께서 허락하신 반려자를 찾아야 한다.

가끔 연애가 기독교와는 전혀 관계가 없다고 말씀하시는 분들도 계신다. 이들은 '연애는 신앙생활에 도움이 안 된다'고 하신다. 하나님께서 남녀를 한 쌍으로 창조하셨고, 그들이 만나 가정을 이루는 일이 인생의 과정이라면, 연애를 기독교와 떨어뜨려 생각할 수 없다. 결혼예비학교같이 결혼에 대해서는 많은 준비를 하면서 왜 연애는 그렇지 못 할까? 신앙과 삶은 하나이기 때문에 당연히 연애의 과정도 중요한 신앙의 과제이다. 주님께서 예비하신 짝을 찾을 수 있도록 교회가 도와야 한다. 그런 의미에서 청년부 사역의 끝판왕은 연애와 결혼이다. 결혼하면 청년부도 졸업하니까.

내가 실험 대상이 되기로 했다. 기독교 연애 콘텐츠를 만들었다. '기독교 소개팅의 정석'을 보여주려는 취지로 '37세

노총각 전도사에게 소개팅을 시켜주면 생기는 일'을 촬영했다. 교회 청년들이 주축이 되어 모든 과정을 진행했다. 모집 공고를 하고, 공유주방을 빌려 음식을 만들고 서빙까지 해주었다. 물론 글을 쓰는 지금, 나는 여전히 솔로다. 주님…….

기독교인의 연애는 일반 연애보다 복잡한 양상을 띤다. 신앙과 호감을 동시에 다뤄야 한다. '기독교인의 소개팅 이러지 말자 Top 4 +1'영상은 소개팅에 실패해 본 자전적인 경험을 담았다. 남녀가 서로를 이성으로 느끼는 데에 1초면 충분했다. 가끔 댓글들을 보면, 신앙을 무조건적인 1순위로 봐야 한다는 분들이 계시다. 맞는 이야기다. 신앙은 항상 1순위다. 하지만 냉정하게 서로 이성으로 느껴지지 않는다면 신앙을 1순위로 볼 마음조차 생기지 않는다. 소개팅은 교회 오빠와 누나를 만나는 자리가 아니다. 신앙뿐 아니라 인격, 외모, 직업 등 다양한 요소가 매력으로 작용할 수 있다. 오히려 신앙인이 더 연애하기 어렵다. 비기독교인이 가지고 있는 이성에 대한 기준은 모두 가지고 있으면서, 신앙이라는 요소를 추가해야 한다. 아! 피곤한 크리스천의 연애. 세상의 모든 청년을 위해 기도할 따름이다.

크리스천의 '만남' 뿐 아니라 '이별'도 다뤄야 한다. 우리는 모두 이별을 경험한다. 누구나 첫사랑이 결혼상대자이길 바라지만 그런 경우는 드물다. 교회에서 연애할 경우, 이별하면 한 명은 교회를 옮기기 마련이다. 여러 가지 불안감 때문에 좋아하는 마음을 숨기고, 연애를 포기하는 청년도 있다. 청년들은 실수하고 싶지 않기 때문에 하나님께 확실한 사인을 받고 싶어 한다. 현실적으로 교제하기 전에 하나님께서 보내주신 인연을 확신하기란 거의 불가능하다. 교제 전부터 하나님께서 특별하게 계시해 주시는 경우도 드물게 있다. 하지만 대부분은 연애 기간을 통해 동고동락하며 '상대방이 하나님께서 보내주신 배우자'인지 확신하게 된다.

연애와 결혼이 신앙에 부정적인 영향을 끼칠 수 있다는 사실을 모르는 것은 아니다. 사랑하는 사람이 하나님의 자리를 대체하는 일은 꽤 빈번하게 일어난다. 그래서 연애와 결혼이 우상이 되기도 한다.

죄를 지은 이후, 한 몸이었던 아담과 하와는 각각의 개인으로 나누어지기 시작했다. 하나라는 정체성이 둘로 변질하였다.

"그러자 두 사람의 눈이 밝아져서, 자기들이 벗은 몸인 것을 알고, 무화과나무 잎으로 치마를 엮어서, 몸을 가렸다."(창 3:7)

죄가 들어오니 하나님과의 관계가 깨어졌다. 인간은 하나님을 피해 달아나기 바빴다. 하나님과 관계가 깨지니 인간 사이의 관계도 틀어졌다. 하나님과 인간이 나누어지고, 인간과 인간도 나누어졌다.

"그 남자와 그 아내는, 날이 저물고 바람이 서늘할 때에, 주 하나님이 동산을 거니시는 소리를 들었다. 남자와 그 아내는 주 하나님의 낯을 피하여서, 동산 나무 사이에 숨었다." (창 3:8)

하나님은 선악과를 먹은 이유에 관해 물으셨다. 아담은 하와를 탓했고, 하와는 뱀을 탓했다. 인간의 영혼은 관계 속에서 탄생했는데, 그 관계가 깨어졌다. 하나님으로 채웠던 마음의 공간과 배우자로 채웠던 마음의 공간 모두를 잃고 방황하며 표류하게 되었다.

관계가 무너지고 마음에 빈 곳이 생긴 인간은 갈피를 못 잡았다. 누군가는 배우자를 하나님으로 삼고자 했다. 하나님이 계셔야 할 자리에 사람, 돈과 명예가 들어차기 시작했다. 하지만 하나님은 하나님의 자리에, 배우자는 배우자의 자리에 있어야 한다. 그래야 관계가 건강해진다. 배우자를 우상으로 삼으면 마음의 평정을 유지하기 어렵다. 그가 내 마음을 만족시켜주면 지나치게 기뻐하게 되고, 그가 떠나가면 지나치게 실망하게 된다.

　연애는 단순하게 두 사람의 관계가 아니다. 하나님과의 관계를 재정립하는 과정이다. 하나님 안에서의 연애는 사랑에 대한 인사이트를 제공한다.

하나님 보구독 좋아요 알람설정

 "크리스천 소개팅 제발"

우리는 어디서
이성을 만나라고요?

▶ ▶❙ ◀))

2021년 초, 기독교 연애 유튜버 찬만빠와 콜라보 영상을 촬영했다. 채널의 구독자가 급격하게 유입되고 있는 시기였고 기독교 연애에 있어서 인지도가 높은 찬만빠를 섭외했으니 적어도 3~4만의 조회수를 기대했다.

"지금은 코로나로 만나기 어려운 시기잖아요? 종리스찬 님이나 저 같은 온라인에서 활동하는 사람들이 연결고리를 만들어줘야 하지 않나. 어쨌든 이분들이 우리의 영상을 보기 위해 모였는데 솔로들이 있을 거 아니에요? 잘 이어줄 수 있는 그런 역할을 하면 어떨까 싶어요. 그래서 저는 청년들을 맺어주고자 카페를 개설해서 운영하고 있거든요. 21세기에 중요한 사역이라고 생각해요. 왜냐하면 전체적으로 가정이 무너지고 있기 때문에……."

'이성을 만날 곳이 없다.'며 상담을 요청하는 청년들이 늘어났다. 대학을 졸업하고 취직하니 만남의 범위가 급격히 좁아진다. 동호회라도 가입하지 않으면 새로운 사람을 만날 기회 자체가 없다. 서른 후반쯤 되면 소개팅도 민망해진다. 소개팅이 아니라 선이다. 선개팅이다. 크리스천 청년들은 신앙이라는 조건이 하나 더 있기 때문에 선개팅을 하더라도 이성을 만날 곳은 더욱 줄어든다.

크리스천 청년을 위한 줌 소개팅을 계획했지만 여러 계절이 바뀌는 동안 시작하지 않았다. 내 안에 있는 보수적인 마음을 설득하지 못했다. '이런 컨텐츠를 해도 될까?' '사람과 사람의 만남은 진중한 건데 모르는 사람들을 매칭해도 될까?' '내가 소개해준 사람이 이상한 사람이어서 문제가 생기면 어떡하지? 책임은 내가 져야 하나?' 꼬리에 꼬리를 무는 걱정과 염려가 이어졌다. 망설이는 동안도 구독자들의 요청은 계속됐다. 실시간 스트리밍 때마다 꼭 물어보시는 구독자분도 계셨다. 인스타그램으로도 문의가 오곤 했다.

'아, 크리스천 청년들이 이렇게 하나님이 정한 배우자 찾기에 목마르구나.'

149

기도를 시작했다. 도전을 하기 전엔 불안한 마음 때문에 기도한다. 대부분 크리스천이 괜찮다고 여기는 콘텐츠만 답습해왔다. 특별하고 유별난 사람으로 보이고 싶지 않았다. 내 고민을 아는지 모르는지, 한 동료 목회자가 이런 이야기를 해주었다.

"사실 다른 사람들이 한다면 인정하기 힘든 컨텐츠다. 하지만 종리스찬이 한다니까 신뢰가 간다. 나는 응원하고 싶다."

생각보다 많은 분이 응원했다. 사람들은 성실함을 신뢰했다. 우직하게 큐티와 설교 영상만을 올려온 보람이 있었다. 지속해서 하나님의 말씀을 나누려는 영상을 업로드했던 사실이 누적되어서 '크리스천 온라인 소개팅'같은 컨텐츠도 진행할 수 있었다.

신뢰는 한 번에 쌓이지 않았다. 보이지 않는 곳에서 조금씩 쌓였다. 하나님께서 처음에 주셨던 마음, 큐티를 꾸준히 올리자는 마음은 이때를 위한 준비였다.

하나님과 마케팅이 어울려요?

▶ ▶❙ ◀))

　현대사회를 가리켜 '단군 이래 가장 돈 벌기 쉬운 시대'라고 말한다. 몇 년 전까지만 해도 사업을 시작하기 위해서는 고정비용이 필요했다. 건물을 임대하고, 인테리어를 하고, 사람을 고용하면 고정 지출이 상당히 크게 발생한다. 요즘은 핸드폰으로 쇼핑한다. 네이버 스토어, 쿠팡에 없는 게 없다. 신선 식품도 인터넷으로 구매한다. 통계자료를 보지 않아도 피부로 느껴진다. 나부터도 쇼핑 어플을 통해 대부분의 물건을 구입한다.

　인터넷 사업이 발달하면서 마케팅이 중요해졌다. 인터넷 사업에서 성공한 사람들이 많아지면서 여러 사람이 유입되었고, 레드 오션이 되었다. 이를 타개하기 위한 다양한 마케팅 기법이 나왔다. 나도 유튜브를 하기 때문에 마케팅에서 자유롭지 않다. 여러 방법을 배웠고 시도했지만, 퍼스널 브랜딩이 가장 효과적이었다. 개인을 브랜드화하는 방법이다. 소비자의 관심을 물품에서 판매자로 이동시킨다. '어떤 물건을 사느냐?'보다는 '누가 판매하는 물건을 사느냐?'가 중요해진다.

마케팅은 상업적인 의미를 내포하고 있어서, 교회와 어울리지 않는 듯했다. 어쩔 수 없이 개인과 교회가 브랜딩될 수밖에 없어도, 복음의 순수성이 우선시되어야 한다. 목회자로서 항상 이 두 가지 사이에서 갈등했다. 순수성을 유지해야 할지, 혹은 교회의 규모를 키워야 할지. 사실 둘 모두 가능하다면 베스트다. 복음의 순수성을 유지하면서 복음으로 마케팅을 하고, 교회가 성장한다면 더할 나위 없겠다.

교회에 등록한 대부분 청년은 이런 이야기를 했다.

"우리는 큰 교회나 인프라 때문에 벧엘선교교회를 선택한 것이 아니에요. 오히려 교회가 복음으로 성장하는 모습을 보고 싶어요."

교회를 키우고 싶은 다른 이유도 있다. 작은 교회에 등록해준 청년들에게 더 나은 환경을 제공하고 싶었다. 큰 교회가 아니었기에 인프라가 구축되어 있지도 않았고, 양질의 교육과 문화공간을 제공해주지도 못 했다.

유튜브를 통한 유입을 늘리는 편이 가장 빠르다고 생각했다. 마케팅이 필요했다. 하지만 아무리 생각해봐도 목회자에게 마케팅은 위험했다. 단지 구독자를 늘리기 위한 마케팅은 나에게도 어울리지 않았다. 경건한 척 광고하는 모습도 질색이었다. 오히려 예수님을 마케팅해야겠다고 생각했다. 예수님을 잘 표현하고, 또 사람들을 포용할 수 있다면 좋은 기독교 유튜브가 아닐까 싶었다.

예수님을 마케팅하겠다고 생각하며 유튜브에서 활동을 이어 나갔다. 6개월이라는 짧은 시간 사이, 2배 가까이 청년부가 성장했다. 신기한 일이다. 마치 약속이라도 한 듯 한주에 4~5명이 등록했다. 그들이 적응할 때쯤 되면 또 4~5명이 한꺼번에 등록했다. 이런 사이클이 계속 이어졌다. 나뿐만 아니라 청년들 모두가 의아해했다. 그들 중 한 청년이 이렇게 말했다.

"복음은 정말 세상에서 가장 값진 것인데, 우리는 그동안 너무 싸구려처럼 마케팅해왔던 것 같아요. 사람들이 복음을 값어치 있다고 느끼게 해주고 싶어요."

마케팅에 대해 곰곰이 생각해봤다. 마케팅이 복음과 교회의 가치를 있는 그대로 전달해줄 수 있는 것이라고 한다면,

교회는 예전부터 예수님을 마케팅하고 있었다. 김동호 목사님은 30대 초반, 영락교회에서 성경 공부를 진행할 당시, 강의실에 들어올 수 없을 정도로 사람들이 모여 복도의 창문을 뜯어내셨다고 했다. 싱가폴 '시티하베스트 처치'의 '콩히' 목사님은 몇몇 청년들과 함께 시작한 성경 공부가 순식간에 수백 명으로 늘어나는 경험을 하셨다고 한다. 절대 우연이라고 생각하지 않는다. 그분들은 위대한 목회자이시기도 하지만 순수하게 복음을 마케팅했을 때, 사람들은 복음을 따르고자 했다. 위대한 목회자는 아니지만, 나처럼 재능이 없는 사람도 예수님을 마케팅할 수 있다. 누구나 할 수 있다는 사실을 보여줘야 한다.

복음보다 자신을 마케팅하려는 갈망에서 자유로운 편은 아니다. 어지러운 줄타기를 해야 할 때가 많다. 유튜브에 내 마음이 그대로 투영될 때도 있고, 내가 중심이 될 때도 있다. 물론 뭐라고 말하는 사람은 없다. 딱히 남들이 보기에 잘못된 방향으로 가지는 않지만 나와 하나님은 내 진심을 알고 있었다. 뛰어난 사람이 되고자 하는 욕심에 나도 모르는 새에 자신을 마케팅하고 있다. 그때마다 이재철 목사님의 조언이 떠오른다. 목회에서 은퇴하시며 후배 목회자들에게 권고하셨다.

"사람들이 당신의 설교에 은혜받았다고 이야기할 때, 당신은 영적 패륜의 문 앞에 와있다는 사실을 깨달아야 한다."

복음을 마케팅하는데, 철저한 자기 부인이 필요하다. 요한복음 6장에 따르면, 오병이어의 기적을 경험한 군웅들이 예수님을 왕으로 삼으려고 했다. 군중들은 복음이 아니라 경제적인 필요를 채워주는 예수님을 보았다. 이해는 된다. 삼시세끼 챙겨 먹기도 힘든 시대였다. 예수님이 왕이 된다면 이제 끼니 걱정은 하지 않아도 된다고 생각했을 것이다. 예수님은 모든 인기를 피해 고독과 침묵으로 들어가셨다.

"예수께서는, 사람들이 와서 억지로 자기를 모셔다가 왕으로 삼으려고 한다는 것을 아시고, 혼자서 다시 산으로 물러가셨다." (요한복음 6:15)

하나님 하기 싫어 죽겠어요

전문가가 되기 위해서는 1만 시간을 투자해야 한다고들 합니다. 좋은 이야기입니다. 더 현실적으로 이야기하자면 같은 일을 수도 없이 반복해야 합니다. 저도 마찬가지입니다. 반복적으로 영상을 편집하다 보면, 하기 싫을 때가 한두 번이 아닙니다. 그럴 때마다 '달팽이가 되고 싶다'라거나 '나뭇잎이 되고 싶다'는 생각을 하곤 합니다.

직업의 분야가 점점 전문화되고 있습니다. 꾸준히 노력하며 전문가가 되어야 하죠. 그런데 크리스천은 단순히 돈을 잘 벌고자 전문가가 되는거라면……, 뭔가 아쉽습니다.

저와 여러분이 하나님을 위한 전문가가 되었으면 좋겠습니다. '이 지루한 시간을 통해 우리는 반드시 하나님이 사용하실만한 전문가가 된다.'라고 생각해보면 어떨까요? 일상의 지루함을 사명으로 전환해 줍니다. 우리는 지루하게 일을 반복하는 시간에도 하나님의 전문가가 되어가고 있습니다.

구독자가 많으면
행복할까?

▶ ▶❙ ◀️))

　구독자 1만이 넘으면 행복할 줄 알았다. 무언가 달라진 내가 될 줄 알았다. 착각이었다. 조회수 10만이 넘으면 행복할 줄 알았다. 능력 있는 사람이 되면 행복할 줄 알았다. 하지만 나는 여전히 그냥 이종찬이었다. 정확하게 알 수 없지만, 어느 순간부터 구독자 수도, 조회수도 우선순위가 아니었다. 구독자와 조회수를 신경 쓰지 않겠다는 이야기가 아니다. 영상이 떡상하고 구독자 수가 많아지면 기분이 좋다. 노력의 결과니까.

　유튜브는 자신과의 싸움이다. 과연 어디까지 복음을 표현할 수 있을까? 복음을 어떻게 마케팅할 수 있을까? 나를 마케팅하려는 야망에서 벗어나 점점 자유를 향해 나아가는 기분이 든다. 진정한 자유는 욕망대로 사는 것이 아니라 욕망을 거절할 줄 아는 용기다.

"그리스도께서 우리를 해방시켜 주셔서, 자유를 누리게 하셨습니다. 그러므로 굳게 서서, 다시는 종살이의 멍에를 메지 마십시오."(갈 5:1)

하나님을 위한
문화 사용 설명

▶ ▶❙ ◀))

　채널 초창기부터 영화를 리뷰해 달라는 요청이 많이 들어
왔다. 기독교 관점에서 문화를 해석해 달라고 했다. 친한 지
인들도 여러 번 권유했다. 잘할 자신이 없어 귀담아듣지 않
았다. 대중들의 눈높이에 맞추기 위해서는 실력이 한참 부족
했다. 대형 영화리뷰 유튜버들이 포진하고 있는 현시점에서
내가 만든 영상을 봐야 할 이유가 있을까? 잘하지 못할 바에
는 시작하고 싶지 않았다.

　망설이는 동안 시대가 변하면서 영상 플랫폼에도 변화의
바람이 불기 시작했다. 유료 OTT 플랫폼이 급부상했다. 대
표주자는 '넷플릭스'였다. 높은 완성도를 가진 드라마를 계속
출시했다. 투자받지 못했던 독특한 아이디어들이 드라마화
되기 시작했다. 뭇 남성들의 향수를 불러일으키는 군대라는
소재, 게다가 탈영병을 잡는 헌병들의 독특한 이야기 《D.P.》

서서히 시동이 걸리기 시작한 대한민국 드라마는《오징어게임》에서 절정을 찍더니《지옥》으로 이어졌다. 친구에게 연락이 왔다.

"아니 브이로그(일상을 촬영하는 영상 일기) 따위 찍지 말고 영화 리뷰를 하란 말야. 최근에 나온《지옥》같은 드라마 리뷰를 좀 해봐. 의미 있는 걸 하라고. 의미 있는걸."

친구가 성화를 내니 브이로그를 괜히 찍었나 자괴감이 들었다. 정곡을 찔리면 화가 난다.

"아, 내가 알아서 할게. 상관하지 마."

다음 날, 팀원들과 카카오톡으로 아이디어 회의를 하고 있을 때였다. 팀원 중 한 명이 '영화'를 다뤄보면 어떻겠냐고 의견을 냈다.

"반기독교적으로 보이는《지옥》같은 드라마를 다루면 좋지 않을까요? 보는 사람들도 흥미롭고 준비하는 사람들도 의미 있을 것 같은데."

맞는 말이다. 곰곰이 생각하다 막 답장하려는 그 순간, 청년부 부장집사님으로부터 카톡이 왔다. 최근 넷플릭스에서 개봉한 《지옥》이라는 드라마가 기독교에서 다룰 만한 내용들이 많다는 이야기였다. 기독교 관점으로 영상을 만들어보면 어떻겠냐고 제안하셨다. 24시간도 안돼서 지인 세 명에게 같은 주제의 영상을 만들어보겠느냐고 제안받을 확률이 얼마나 될까?

민지 않는 이들에게는 우연이고, 학문을 하는 이들에게는 초합리성이겠지만, 신앙이 있는 나에게는 하나님의 음성이 아닐까 고민했다. 우유부단함도 한몫했다. 시간에 쫓기는 터라, 6부작 드라마를 모두 볼 시간이 없었다. 부장 집사님께 요약을 부탁했다.

"집사님, 《지옥》을 꼭 리뷰해 보고 싶은데 제가 도저히 드라마를 볼 시간이 나지 않습니다. 우선순위가 되기 힘든 상황이에요. 그러니까…… 음…… 집사님께서 주요 장면을 좀 편집해 주시면 어떨까요? 그 영상들을 보면서 리액션 영상을 찍으면 좋지 않을까 싶은데요?"

염치없지만 일정이 빠듯했다. 영상을 시청하고 심도 있게 연구할 만한 시간이 없었다. 《지옥》에 대해 연구하고, 깊이 있는 내용을 다루면 학술적인 내용이 될 게 뻔했다. 일차적으로 가벼운 감상을 전달하기로 했다. 리액션 영상을 찍자! 리액션은 유튜버들이 채택하는 대중적인 리뷰 포맷이다. 영화를 보고 코멘트나 기분 등, 반응을 즉각적이고 여과 없이 보여주는 방법이다. 리액션에 복음의 내용을 담으면 영상을 시청하는 누구나 복음에 대한 인사이트를 얻을 수 있을 거라 생각했다.

《지옥》과 기독교 목회자라는 상반되는 주제를 충돌시켜보면 어떨까? 신학대학원 재학 당시 신대원 3대 미남으로 불리던 목사님들 중 두 분을 섭외했다. 목회자 세계에 아무리 인물이 없다고 한들, 상대적으로 뛰어난 외모를 가진 사람들은 존재하기 마련이다. 다른 쪽에서는 평범한 외모도 우리 쪽으로 오면 잘생긴 외모가 된다. 나는 당연히 삼대 미남이 아니었다. 나는⋯⋯, 그냥⋯⋯ 뭐⋯⋯, 그냥 나였다.

《지옥》은 예정된 사람들이 정확한 시간에 지옥의 사자들로 인해 죽임을 당하고 지옥으로 가게 되는 내용이었다. 그리고 이를 둘러싼 사람들이 종교에 대한 생각을 여과 없이 드러냈다. 그 와중에 형사의 독백이 귀에 맴돈다.

"그 신(《지옥》에 나오는 신)은 인간의 자율성을 믿지 않나 보네요."

지옥에서 종교는 폭력과 규율로, 기독교의 하나님은 부모와 자녀의 사랑을 드러낸다는 점에서 달랐다. 형사는 선한 역으로 나오지만, 인간의 자율성과 이를 토대로 한 정의를 최우선의 가치로 삼는다. 하지만 하나님은 정의가 우선이 아니라, 우리와 사랑이 우선이시다. 선한 역할의 형사마저도 기독교의 하나님과는 거리가 있었다.

일반적으로 사람들이 생각하는 종교의 이상향과 기독교에서 알려주려는 사랑의 차이를 보여서, 영상은 꽤 높은 조회수를 기록했다. 인스타에서는 30만이 넘었다. 그리스도인이 아닌 분들도 많이 보였다. 이런 댓글도 있었다.

"무신론자지만, 재밌게 시청했습니다. 기독교에서 신을 어떻게 인식하는지도 알게 되었고."

"기독교에서 사랑을 강조하는 것이 너무 아름답고 비종교인이지만 배워야 할 점이라고 생각합니다."

생각지도 않은 반응이었다. 문화에 복음을 심는 희열이 이런 건가? 망설이느라 영상 촬영을 못 했으면 어쩔 뻔했나. 시도해보기 전까지는 아무도 모른다. 요즘은 너무 깊이 생각하지 않으려고 한다. 기도해 보고 어느 정도 확신이 있으면 바로 실행한다. 하나님의 뜻을 고민하는 청년들에게, '고민하기보다는 먼저 실행해라.'라고 조언하는 편이다.

 "《지옥》을 본 목사님들"

전체 구독자 수가 아닌
한 명의 성도

▶ ▶∣ ◀))

　나는 예배에 몇 명이 왔는지 숫자를 세지 않는다. 성도를 군중으로 대할 위험성이 있기 때문이다. 물론 숫자는 중요하다. 목회에서도 마찬가지고, 유튜브에서도 마찬가지다. 다른 사람들이 우리 교회를 파악할 수 있는 가장 중요한 기준은 성도의 수다. 유튜브도 마찬가지다. 사람들은 내가 어떤 영상을 만드는지에 관해서는 관심이 없다. 구독자가 몇 명인지가 가장 중요하다.

　유튜브는 자본주의 플랫폼이다. 유튜브는 크리에이터에게 채널에 대한 자세한 정보를 제공한다. 최근에 올린 영상이 업로드 시간 대비 몇 위인지, 노출 클릭률은 얼마인지, 시청자가 영상을 클릭한 후 얼마나 오래 머물러 있었는지. 몇 명이 구독했고 '좋아요'를 눌렀는지, 얼마나 댓글을 잘 달았는지. 마치 크리에이터에게 좀 더 사람들의 호기심을 자극할 수 있는 영상을 만들라고 채찍질하는 것 같다. 세속적이라는 표현이 딱 어울린다. 구독자 각 개인은 사라지고, 이름 없는 전체로 받아들여진다.

효율과 구독자 수를 우선시하는 유튜브에서 '한사람'의 가치를 매번 상기하기는 어렵다. 옥한흠 목사님 또한 '한사람 신학'에 대해 수도 없이 역설하셨다. 교회가 거대화되어도 성도를 군중으로 대해서는 안 된다. 일보다 사람이 중심이어야 한다. 유튜브도 비슷하다. 몇 명이 구독하는지 중요하긴 하지만, 본질은 한 사람의 영혼이다. 플랫폼이나 환경이 달라진다고 해서 복음 위에 세워진 기초가 흔들려서는 안 된다.

"너희 가운데서 어떤 사람이 양 백 마리를 가지고 있는데, 그 가운데서 한 마리를 잃으면, 아흔아홉 마리를 들에 두고, 그 잃은 양을 찾을 때까지 찾아 다니지 않겠느냐? 찾으면, 기뻐하며 자기 어깨에 메고 집으로 돌아와서, 벗과 이웃 사람을 불러모으고, '나와 함께 기뻐해 주십시오. 잃었던 내 양을 찾았습니다.'하고 말할 것이다. 내가 너희에게 말한다. 이와 같이 하늘에서는, 회개할 필요가 없는 의인 아흔아홉보다, 회개하는 죄인 한 사람을 두고 더 기뻐할 것이다."(눅 15:4-7)

나를 공격하는 사람들

▶ ▶❙ ◀ฃ)

안티 크리스천에서부터 불가지론자까지 다양한 사람들이 유튜브 채널로 유입된다. 때론 영상에 비판의 댓글을 달기도 한다. 단순하게 '예수쟁이들 쯧.'이라고 스쳐 지나가기도 하고, 기독교를 조목조목 비판하기도 한다. 비판이 달린 댓글에 대해서는 나도 답변을 남기는 편이다. 서로의 생각이 오가다 보면 비판을 달았던 안티 크리스천도 '아, 그렇군요.'라는 답을 남긴다.

가끔 라이브 방송을 하다 보면 친근한 말을 남기는 사람들이 있다.

"형, 잘 지내고 있구나?"

대부분 댓글로 설전했던 안티 크리스천들이다. 기독교 사상이 다른 사상과 만나면 서로 마음이 상할 것이라 생각했지만 그렇지 않았다. 오히려 기독교를 존중하려는 안티 크리스천의 태도에 적잖이 놀라곤 한다.

대부분의 마찰은 기독교인과 대화할 때 생긴다. 어설프게 성경을 이해하고 있는 사람들이 문제다. 기독교인과 연애해야 하는지, 비기독교인과 연애해야 하는지에 대해 영상을 올린 적 있다. 나는 기독교인 혹은 비기독교인과 연애하는 것보다 하나님이 원하는 사람과 연애하는 게 답이라고 생각했다.

"믿지 않는 자와 멍에를 메지 말라고 하셨는데 어떻게 생각하시나요?"

고린도후서 6장 14절에 나오는 말씀이다, 전문을 살펴보면,

"너희는 믿지 않는 자와 멍에를 함께 메지 말라 의와 불법이 어찌 함께 하며 빛과 어둠이 어찌 사귀며 그리스도와 벨리알이 어찌 조화되며 믿는 자와 믿지 않는 자가 어찌 상관하며 하나님의 성전과 우상이 어찌 일치가 되리요 우리는 살아 계신 하나님의 성전이라 이와 같이 하나님께서 이르시되

내가 그들 가운데 거하며 두루 행하여 나는 그들의 하나님이
되고 그들은 나의 백성이 되리라." (고후 6:14-16)

멍에를 메지 말라는 말씀은 당시 고린도 교회에 들어온 거
짓 선생들과 화합하지 말라는 뜻이다. 맥락을 살펴서 성경을
이해해야 하는데, 그렇게 하지 않았다. 오히려 자신의 의견
을 지지하는 성경 구절을 골라 다른 사람을 공격하고 정죄하
는 데에 사용했다.

유튜브가 많은 사람에게 노출되다 보니 늘 비슷한 공격을
받는다. 가끔은 나를 깎아내리려는 사람들처럼 보이기도 한
다. 이럴 땐 나를 지지해주는 사람들을 본다. 나를 지지하는
가족, 청년부, 성경 공부팀, 그리고 구독자를 되뇐다. 의도적
으로 나를 지지하는 믿음의 동역자들을 되뇌다 보면 다시 일
할 용기가 생긴다.

용기를 주시는 하나님도 계신다. 가장 크신 하나님께서
우리의 든든한 지원군 되신다.

"이 세상에는 신도 많고, 주도 많으나, 당신들의 주 하나
님만이 참 하나님이시고, 참 주님이십니다. 그분만이 크신
권능의 하나님이시요, 두려우신 하나님이시며, 사람을 차별
하여 판단하시거나, 뇌물을 받으시는 분이 아니시며, 고아와

과부를 공정하게 재판하시며, 나그네를 사랑하셔서 그에게 먹을 것과 입을 것을 주시는 분이십니다. 당신들이 나그네를 사랑해야 하는 것은, 당신들도 한때 이집트에서 나그네로 살았기 때문입니다. 주 당신들의 하나님을 경외하고, 그를 섬기며, 그에게만 충성을 다하고, 그의 이름으로만 맹세하십시오. 당신들이 찬양할 분은 당신들의 하나님뿐이니, 당신들이 본 대로, 그분은 당신들에게 크고 두려운 일들을 하여 주신 하나님이십니다.」(신 10:17-21)

이스라엘이 애굽 사람에게 핍박받을 때, 든든한 지원군이신 하나님이 계셨다. 가장 강하시고, 능력 있고, 그 누구보다 우리를 사랑하는 하나님께서 관계에 허물어진 마음을 보듬어 주신다. 애굽 사람에게 핍박받는 정도는 아니지만, 관계에서 상한 우리의 마음은 주님을 볼 때 치유받을 수 있다.

유튜브 속 정치 세력이 된
기독교

▶ ▶| ◀))

    한 대형교회의 중고등부 수련회에서 나를 초청했다. 아이들은 공격적인 질문들을 퍼부었다. 질문의 종류도 다양했는데, '도덕철학, 도덕률, 차별금지법, 동성애' 등이 키워드였다. 첫 질문자인 고2 학생의 입에서 '칸트의 정언명령'이 나오는 순간 긴장을 하지 않을 수 없었다. 보통의 중고등학생들은 이런 질문을 하지 않는다.

    60분 동안 9개의 토픽에 관해 이야기하도록 예정되어 있었는데, 채 3가지도 완료하지 못했다. 담당 목사님들의 이야기를 들으니 대담 시간이 끝나고도 많은 청소년이 찾아와 '동성애자 친구를 품는 법,' '차별금지법 속 독소조항은 무엇이 있는지?' 등을 자세하게 물어봤다고 했다. 담당 목사님들과 식사를 하면서 여쭤어봤다.

"오늘 대담 시간을 가지면서 놀랐습니다. 이렇게 다양한 철학적, 사회적 문제를 고민하고 숙고하는 청소년들은 처음 보았어요. 어떻게 청소년들을 양육하시나요?"

"우리가 길러낸 건 아니고요. (웃음) 우리 아이들이 조금 유별나요. 정말 크게 되겠다 싶은 아이들도 있고요. 담임 목사님께서 신학뿐만 아니라 문화와 사회문제 전반에 관심이 많으시고 아이들에게도 많이 강조하세요. 차별금지법 같은 경우에도, 성도들의 의견이 모두 일치하지는 않습니다. 정치적으로 다른 의견을 가지신 분들도 있고요. 하지만 목사님께서는 차별금지법 같은 경우는, 정치적 좌/우와 상관없이 비성경적인 정책이라 판단하셔서 비판하십니다."

나는 그동안 정치적 이슈가 있는 사례들에 대해서는 최대한 의견을 표명하지 않았다. 유튜브를 하면서 정치에 복음을 욱여넣으려는 사람들을 많이 만났기 때문이다. 정치와 복음을 결합하려는 비성경적 마인드에 완전히 질려버렸다. 그들은 크리스천이 특정한 정치적 색을 갖는 것이 성경적이라고 주장했다. 좌파의 성향을 보이신 분들은 크리스천이면 좌파여야 한다고 했고, 우파의 성향을 보이신 분들은 크리스천이라면 우파여야 한다고 했다.

입맛대로 예수님을 이용하려고 하는 사람들은 2,000여 년 전부터 존재했다. 이스라엘 사람들은, 예수님을 로마의 압제에서 해방시켜줄 왕으로 생각했다. 제자들은 예수를 따라가면 높은 관직에 오를 수 있을 줄 알았다. 현대에는 예수를 좋은 스승으로만 여긴다.

만약 크리스천이 모두 같은 정치 성향을 가져야 한다면 예수님은 정치인으로 오셨을 것이다. 좌가 옳다면 좌파로 오셨을 것이고 우가 옳다면 우파로 오셨을 것이다. 하지만 예수께서는 정치인으로 오시지 않으셨다. 십자가 위에 죽으러 오셨다. 예수님은 좌와 우를 초월한 제3의 길인 복음을 지향하셨다. 예수님의 제자 중에는 로마 시대 가장 극우였던 세리 마태도 있었고, 극좌였던 열심당원 시몬도 있었다. 마태는 친로마파였고, 시몬은 독립운동가였다. 전혀 반대의 정치 성향을 가진 이들이 예수님의 제자였다. 복음은 좌와 우를 포용하는 제3의 길이기 때문이다.

기독교 인플루언서, 성직자
그리고 성공

▶ ▶l ◀))

    2022년 여름수련회 시즌이었다. 한 달 동안 30여 번 설교하며 다른 교회의 수련회를 섬긴다. 설교 이후에는 기도회를 인도하곤 하는데, 보통 긴장되는 게 아니다. 특히 코로나 시작 이후 3년 만의 수련회이기 때문에, 교회마다 하나님을 만나기 위해 이를 갈며 수련회를 준비했다. 그에 비해 나는 청중들을 하나님과 이을만한 능력이 없다. 오직 성령께 달려있다. 강제로 하나님을 만나게 할 수도 없고, 어떤 상황이 벌어질지도 모른다. 내가 통제할 수 있는 상황은 없다. 두렵다.

    긴장해서 설교 전에는 음식이 입으로 들어가지 않았다. 도저히 식사를 거절할 수 없는 경우들도 있다. 어떤 대형교회의 집회에서였다. 나는 대형교회에서 근무하시는 목사님들의 이야기가 항상 궁금했다. 대형교회를 간접적으로 경험하고 싶기 때문이다. 식사하며 대형교회의 사역에 대해 묻는다. 한 목사님의 고백이 나를 숙연하게 만들었다.

"얼마 전에 경북 하양으로 국내 선교를 다녀왔거든요. 장년부는 없고 아이들만 몇 명 출석하는 교회였어요. 그 아이들을 위해 여름성경학교를 열어주었는데 모교회가 생각났어요. 아버지께서는 목사님이셨어요. 평생 경제적으로 자립하지 못한 교회였습니다. 아버지는 지병이 있으셔서 다른 일도 못 하셨어요. 당연히 어려운 유년 시절을 보냈습니다. 사람들은 아버지를 실패한 목회자라고 생각했을지 몰라요. 장애도 있었고, 작은 교회였고, 경제적으로도 어려웠으니까요. 하지만 저는 아버지의 진심을 알고 있습니다. 대형교회에 사역하다 보니 그때가 더 많이 생각나요. 하양에 있는 교회의 아이들에게서 제 유년 시절을 보았어요. 지금은 대형교회에서 사역하지만, 점점 낮은 곳으로 이끄시는 주님의 음성이 들려요. '낮은 곳으로 가라. 세상 사람들이 보기에는 실패한 듯 보이는 곳으로. 아무런 꿈도 꿀 수 없는 곳, 미련해 보이는 곳으로 가라.'"

나도 개척교회 시절을 보냈기에 목사님께서 겪으신 어려움을 잘 알고 있었다. 대형교회로 갈 몇번의 기회도 있었지만 '그대로 있으라.'는 주님의 음성을 들었다. 당시에는 이해가 되지 않았다. 하지만 요즘엔 요한복음 21:18이 나의 이야기 같다.

"내가 진정으로 진정으로 네게 말한다. 네가 젊어서는 스스로 띠를 띠고 네가 가고 싶은 곳을 다녔으나, 네가 늙어서는 남들이 네 팔을 벌릴 것이고, 너를 묶어서 네가 바라지 않는 곳으로 너를 끌고 갈 것이다." (요 21:18)

정말 띠를 띠고 내 마음대로 살았다. 부유하지 않았기에 다양한 경험을 해보지는 못했지만, 다른 친구들에 비해 자유롭게 살았다. 신대원 졸업한 지 6년이나 지났지만, 아직 목사 안수도 받지 않았다. 목사 안수를 받으면 돌아올 수 없는 강을 건널 것 같다. 여전히 결혼도 하지 않고 내가 하고 싶은 사역과 유튜브를 실컷 하고 있으니 축복받은 인생이다. 하지만 하나님의 때가 한 걸음씩 내게 다가왔다.

'종찬아, 지금은 네가 하고 싶은 일을 마음껏 할 수 있을 거야. 또 한계에 도전할 기회도 줄게. 하지만 혹시라도 나중에, 내가 필요한 곳에 네가 서 있어 줄 수 있겠니?'

성공이란 무엇일까? 기독교 인플루언서로서의 성공은

무엇이고, 목회자로서의 성공은 무엇일까? 나를 팔로우 해주는 사람이 많으면, 교회의 교인이 늘어나면 성공인 걸까? 내가 올린 영상과 교회 예배의 조회수가 높아지면 성공인 걸까?

우리 모두 부끄러워하는 마음이 필요하다. 기독교 인플루언서도, 목회자도 모두 직분일 뿐이다. 둘 다 사람들의 인기를 얻을 수밖에 없는 위치이기에 그 누구보다 깊게 예수 그리스도를 바라봐야 한다. 예수의 십자가를 보면 우리의 마음은 겸손해진다. 우주의 왕께서 가장 낮은 곳으로 오셔서, 비참한 방식으로 죽으셨다는 이야기는 우쭐하는 사람을 겸손하게 만들고, 소외된 사람들을 가치 있게 만들어준다. 진정한 예수의 제자가 되는 길은 영광이 아닌 죽음이다.

그분께서 가신 길을 걸어가기로 다짐해야 한다.

"그 때에 예수께서는 제자들에게 말씀하셨다. '누구든지 나를 따라오려거든, 자기를 부인하고, 제 십자가를 지고, 나를 따라 오너라.'"(마 16:24)

돌아온 성도들과 하나님의 사랑

▶ ▶❙ ◀))

90년대에 부흥했던 한 교회 청년부의 이야기이다. 교회에 오는 아이들 중 노란색 머리를 한 아이들이 하나둘 늘어나기 시작했다. 가끔은 빨간색 머리도 보였다. 어떤 학생은 염색 때문에 '머리 불 질러 버린다'는 아버지의 고함을 듣기도 했다고 한다. 강단에서 청중을 보면 단풍이 든 것처럼 울긋불긋했다. 헌금위원을 맡은 청년이 슬리퍼를 끌고 오거나 반바지를 입었다. 소위 세대 차이가 확연했다. 당연히 장로님들은 노발대발하셨다. 성도들은 학생들의 머리 색깔도, 교회에 슬리퍼를 끌고 오는 복장도 마음에 들어 하지 않았다.

담임 목사님은 성숙하게 대처하셨다. 한 번도 청년들을 나무라지 않으셨다. 오히려 머리가 이쁘다고, 슬리퍼라도 신고 교회 와서 잘했다고 칭찬하셨다고 했다. 청년들은 자신을 사랑하는 사람이 누구인지를 본능적으로 안다. 청년부가 부흥하기 시작했다. 출석 인원이 천 명이 넘었다.

　많은 교회가 노하우를 배우기 위해 목사님을 찾아왔다. 프로그램과 시스템을 알려달라고 했다. 그때마다 이렇게 말씀하셨다고 한다.

"달라니까 알려드리지만, 프로그램을 돌려서 청년부가 부흥하는 게 아니라 청년부가 하나님의 사랑으로 부흥하기 시작하니까 프로그램을 돌리는 겁니다."

　2022년, 8개월 만에 청년부가 200퍼센트 성장했다. 30명이던 재적이 63명으로 늘어났다. 매주 5~7명씩 새 신자들이 찾아왔고, 예배 후, 1층 카페에서 그들과 대화를 나누는 것이 주일의 일상이 되어 버렸다. 청년들의 80퍼센트는 가나안 성도들이었다. 자신을 크리스천이라고 인식하지만, 교회에는 출석하지 않는 청년들.

　새로 등록한 청년들은 자신만의 뚜렷한 가치관들을 가지고 있었다. 하긴 본인만의 확실한 가치관이 없다면 교회를 떠나지도 않았으리라. 당연히 전통을 강조하는 교회에는 적응하지 못했다. 전통을 강조하는 교회 입장에서 우리 청년들은 모난 돌이었으리라.

　새로 등록한 청년들은 새로운 복음을 원하지 않았다. 심지어 색다른 형태의 교회 시스템을 원하지도 않았다. 다만 복음이 자신의 언어와 문화로 표현되기를 원했다. 자신을 이해해줄 수 있고 이해할 수 있는 교회를 원했지만 어떤 교회는 호기로운 질문을 받아들이지 못하고 정죄하기도 했다. 그들이 들을 수 있는 대부분의 답변은 '기도해' 혹은 '말씀 봐'였다.

새로 교회에 등록한 친구들은 말했다.

"가족들 기도를 하고 나오는데, 갑자기 엄청 눈물이 나는 거예요. 제가 뭐라고 하는지도 모르겠는데 어떤 말이 나오고 그렇게 심하게 운 적은 처음이었어요. 주변은 창문 없이 벽으로 막혀있었는데, 그때 무언가 시원한 기분이 들었어요. 누가 토닥여 주는 그런 기분이었어요. 늘 혼자라고 생각했는데, 하나님께서 지켜봐 주시며 아니라고 말씀하신 기분이 들었어요."

"'사람이 다 태어난 데 하나님의 뜻이 있다.'라고 말씀해 주셨을 때, 왜 태어났는가에 대한 고민이 사라졌습니다. 어차피 죽는 거라면 그냥 죽어야겠다고 염세주의적 생각이 강했습니다. 하지만 하나님의 창조하심에 뜻이 있음을 알게 되었고, '나도 뜻이 있게 태어났구나.'라고 위로받았습니다."

"가위에 엄청 심하게 눌리고, 꿈에서도 친구들이 저만 빼고 놀러 가고 그랬어요. 어떻게 꿈에서 깨긴 했는데, 친구에게 장문의 문자가 와있는 거예요. '하나님이 방언을 주시고 안 주시고에 따라 언니를 사랑하고 사랑하지 않고 그런 게 아니라, 하나님도 사람마다 사랑하는 방식이 다르다.'라고 해줬는데 위로를 많이 받았어요."

개성을 가진 안티 크리스천, 가나안 청년들이 하나님을 경험하는 일은 필수다. 전통으로 사람을 변화시킬 수 없다. 오직 복음만이 사람을 변화시킨다. 율법은 사람을 판단하게 만들고, 복음은 사람을 품는다. '내 행동과 상관없이 하나님께서 나를 용납하셨기 때문이다.' 복음은 항상 모든 세대를 품는다. 어른 세대가 복음으로 변화했듯 MZ세대도 복음으로 변화한다.

"교회 성장 다큐멘터리"

청년사역에서
유튜브의 장점

▶ ▶ㅣ ◀))

춘천에서 공무원으로 일하는 청년을 급습했다. 말 그대로 직장으로 쳐들어갔다. 갑작스러운 방문에 청년은 당황했다. 공무원이다 보니 주변 직원들의 시선이 신경 쓰였나 보다. 습격의 장면을 영상으로 담았다. 제목은 '동사무소로 쳐들어가는 카리스마 있는 전도사'. 인스타그램에서는 15만이 넘는 조회수를 기록했다.

기세를 이어 다른 청년들의 직장도 습격했다. 기독교 방송국 CTS에서 근무하는 청년을 급습하기도 하고, 유튜브 채널을 운영하는 청년의 직장도 무작정 찾아갔다. 황당하고 어이없어했지만, '우리 전도사님이다'는 자부심도 느꼈다고 했다. 무례하다고 느낄 수 있지만 유쾌하게 받아들여 주니 고마울 뿐이었다.

새로운 방식으로 심방하기 위해 노력한다. 더 즐거운 교회 생활을 만들고 싶어서 심방에 몰래카메라를 더했다. 사랑은 표현하지 않으면 모른다. 교회 개척 초창기에는 거의 매주 청년들을 심방했다. 돌이켜보니 심방을 받아준 청년들이 대단하다. 매주 전도사가 직장 앞으로 찾아오니 얼마나 부담이 되었을까. 하지만 그것 말고는 내가 교회 공동체를 위해 최선을 다하고 있다는 사실을 전달할 기회가 없었다. 그런데도 종종 '우리를 위해 하는 일이 무엇이냐?'는 볼멘소리마저 듣곤 했다. 황당했다. 보이지 않게 심방을 다닐 때 그런 이야기를 들으면 힘이 빠진다.

유튜브를 시작한 이후 행복해졌다. 무슨 일을 하는지 보여주기 때문에 유튜브는 하나의 소통창구 역할을 한다. 청년들에게 교회 일을 알릴 수 있는 수단이자, 청년에 대한 관심의 표현이다. 모든 교회 청년들이 내 유튜브 영상들을 좋아하지는 않는다. 하지만 그들을 위해 내가 무언가를 하고 있음을 표현할 수 있다. 나는 모든 청년 사역자들에게 유튜버가 되라고 추천한다.

하나님도 예수님을 통해 우리에게 사랑을 표현하셨다. 예수님만큼은 아니지만, 하나님의 사랑 표현의 현대적인 도구, 유튜브는 그런 의미다.

악플에 대처하는 방법

▶ ▶❙ ◀))

감사하게도 '종리스찬TV'는 악플 청정구역이다. 악의적인 의도를 가진 댓글을 받아본 기억이 거의 없다. 그래도 굳이 꼽아보자면 영상 두 개에 달린 댓글 떠오른다. 다음은 '도를 아십니까 전도하기'의 악플들이다. 되도록 순화된 언어를 가진 악플들만 가지고 왔다.

"대순교나 개신교나……, 지 말만 맞다고 하는 거 내가 볼 땐 둘 다 똑같다."

"저는 기독교의 하나님이 왜 기브 앤 테이크가 없는 신인지 잘 모르겠네요……."

"하나님도 매주 10퍼센트씩 떼가시던데? 그건 기브 앤 테이크 아님? 아 그건 기브 앤 테이크인가?"

"십일조는 기브 앤 테이크가 아닌가요? 각종 헌금도……."

"근데 참 어찌 보면 정말 신기할 따름이다 ㅋㅋㅋ 이렇게 논리적으로 말을 잘하는 사람이 이렇게 비논리적인 종교를 믿다니 ㅋㅋㅋㅋㅋㅋㅋㅋ 성경을 안 읽어봐서 잘 모르지만, 사람이 죽었다가 며칠 후에 부활을 하고, 중력을 무시하고 홍해를 갈랐다는 걸 몇천 년 전부터 전해 내려오는 글만 보고 믿을 수 있는 순수함에 어떨 때는 부럽다 ㅋㅋㅋ"

영상을 통해 하나님의 완전성을 전달하고 싶었다. 하나님은 완전하신 분이라, 부족함이 없으시다. 무언가를 받고자 하시는 분이 아니라 늘 사랑을 베푸는 분이시다. 조상의 한을 풀어드려야 축복이 온다고 여기는 '도를 아십니까'의 주장을 정면으로 반박했다. 되려 우리의 행동이 하나님을 만족시킬 수 없으니 겸손하자고 했다. 오히려 우리가 가진 모든 선한 요소들이 그분으로부터 왔다. 하나님은 아가페의 하나님이다.

댓글의 대부분은 이러한 내 주장에 대한 재반박이다. 각종 헌금과 헌신을 강조하는 현재 기독교의 모습을 보자니 전혀 아가페의 하나님으로 느껴지지 않는다고 했다. 따로 감정적 대응은 하지 않았다. 유튜브 영상에서 하나님에 대해 설명했고, 그들은 그 이야기를 들었다. 사실상 영상의 역할은 끝났다. 악플이 많이 달렸지만 단 한 순간도 기분이 나쁘지 않았다. 어찌 되었건 복음을 전했기 때문이다. 하나님께서 그들의 인생을 이끄실 것이다. 나는 그들에게 복음의 블럭 하나를 쌓아 올렸을 뿐이다.

독자들은 내가 가지고 있는 포부에 대해 걱정하기도 했다. '5년 내로 대한민국 최고의 설교자가 되려고 합니다'에 댓글들이 달렸다. 악플이라고 하기보다는 걱정과 염려였다.

"'최고'의 설교자가 무엇인가요? 좀 안타깝네요."

"설교는 입으로 하는 게 아닙니다. 내가 예수님 안에, 예수님이 내 안에 계시는 삶으로 하는 것입니다."

"욕심이 과하면 성도가 지칩니다."

교회 청년의 80퍼센트가 가나안과 안티 크리스천이었는데, 내게 무언가를 바라지 않았다. 매주 심방을 와달라거나 감정적 위로를 해달라고 부탁하지도 않았다. 심지어는 멋들어진 설교와 예배를 바라는 것도 아니었다. 한 사람의 목회자가 하나님 앞에 담담히 자신의 길을 걸어가는 인생길을 목격하길 원한다고 했다.

내가 생각한 최고의 목회자는 그들을 보듬을 수 있는 역량 있는 목회자였다. 교회의 청년들을 위해 사는 길의 끝에는 무엇이 있을까? 아마 선한 인격을 가지고 복음을 깊이 연구하는 설교자가 있지는 않을까? 청년들을 위해 내가 생각하는 '최고'의 목회자 상에 도전해 보기로 했다. 청년들에 대한 사랑이 커다란 동기를 부여했다. 이번에는 자기만족과 성취가 아닌 하나님의 사랑을 흘려보내기 위함이다. 그래서 5년 안에 최고의 설교자가 되겠다고 선언했다. 한 댓글은 이렇게 이야기했다.

"최고의 설교자 말고, 높은 비전 말고, 한국교회를 대표하는 청년 사역자 말고, 한 명의 가난한 영혼이 진정 의지할 수 있는 낮은 마음을 품은 설교자로 세워지시길 소망합니다."

구독자들은 거룩함으로 포장된 비전 속에서 세속적인 욕망을 보았을 수도 있다. 악플로만 보이던 구독자의 댓글이 걱정과 염려로, 하나님의 경책으로 다가왔다. '욕심보다 사랑을 택하자.' 악플 속에서 하나님의 마음이 보였다.

유튜브에서 못다 한 신앙 이야기

하나님은 온라인에도 오프라인에도 계십니다. 어디서든 우리들의 행동을 살피시고, 또 우리를 하나님의 길로 인도하시려 인내하고 기다리십니다. 때로는 알 수 없는 고난이 삶 속으로 파고들 때도 있습니다. 그렇지만 하나님을 믿고 의지할 때, 하나님은 새로운 길을 열어주시고, 더 나은 곳으로 이끌어 주십니다.

"기도에 힘을 쓰십시오. 감사하는 마음으로 기도하면서, 깨어 있으십시오." (골 4:2)

죽음을 경험하고 얻은
깨달음

▶ ▶❙ ◀ㅇ

자전거 사고

교통사고가 났던 순간을 또렷하게 기억한다. 버스가 나를 덮쳤다. 돌진하는 버스의 속력이 어찌나 빠르던지 매 순간이 분절된 것처럼 느껴졌다. 마치 《여고괴담》의 한 장면처럼 버스가 나를 향해 순간이동하는 듯 보였다. 버스는 70~80km의 속도로 달리고 있었다고 한다. 지나온 삶이 주마등처럼 스쳐 지나간다든가, 세상이 온통 슬로우 모션으로 보인다든가 하는 일은 없었다. 급박한 순간 속에서 내 머릿속엔 단 한 문장으로 가득 찼다.

'내가 죽어?'

철학책을 탐독하며 가장 와닿지 않았던 부분은 죽음에 대한 철학자들의 통찰이었다. 플라톤은 삶과 죽음을 동전의 양면에 비유했다. 왜 그들은 삶과 죽음을 하나로 이해할까? 23살의 젊은 청년이 이해하기에는 어려운 주제였다. 죽음이란 적어도 50년 이후에나 일어날 일이었다.

버스와 충돌해 내동댕이쳐졌다. 왼쪽 어깨가 산산조각이 났다. 충격으로 5m 정도 날아가면서 오른쪽 다리도 골절상을 입었다. 몸은 이미 만신창이가 되었지만, 이상하게 별다른 아픔을 느끼지 못했다. 오히려 큰일을 당했다는 생각에 정신이 들었다. 자리에서 벌떡 일어나 상황을 파악하기 시작했다. 버스 앞 유리가 모두 깨져 있었다. 놀란 버스 기사님은 앞문을 열고 나와 잠시 인도로 피신하라고 손짓했다.

나중에 의사 선생님께 들어보니 버스 유리가 깨지면서 충격이 흡수되었기에 더 큰 부상을 막을 수 있었다고 하셨다.

인도로 이동하려고 하자 구두 안이 질퍽거렸다. 오른쪽 발목을 지나는 정맥이 끊어졌고 피가 뿜어져 나왔다. 내가 서 있던 도로도 이미 피투성이였다. 아버지와 어머니께 전화했다. 갑자기 시야가 흐려지기 시작했다. 마치 깨진 휴대폰 액정처럼 색이 번져 보였다. 곧 아버지께서 도착하셨고 앰뷸런스를 부를 겨를도 없이 택시를 타고 병원으로 이동했다. 안심한 나는 그제서야 정신을 잃었다. 어머니는 한동안 내 피로 얼룩진 도로를 보며 많이 우셨다고 했다.

계속 발목에서 피가 솟아났을 테고 택시 뒷좌석도 피투성이가 되었을 텐데, 돌아보면 택시기사님께 그렇게 죄송할 수가 없다. 뒷좌석이 걸죽한 피로 범벅이 되어 있을 테니 닦아내기 쉽지 않으셨을 거다. 피비린내도 났을 것이다. 곧 병원 응급실로 이동했고, 병원에서는 가위로 내 옷을 모두 잘라냈다.

"어디가 아프세요?"

나를 깨우려고 계속 소리치는 목소리가 들렸다. 정신을 잃었다가 깨어났다가를 반복했다. 눈을 뜨면 엑스레이를 찍고 있었다. 다시 의식을 잃었다. 다시 깨어나면 CT를 찍고 있었다. 이렇게 몇 번을 반복하다 마침내 중환자실에서 의식을 차렸다. 4개월간 병원 신세를 졌다.

재활 치료

수술을 마친 후 다리를 절기 시작했다. 통증에 잠 못 이루는 날이 계속됐다. 치료를 위해 다른 병원을 찾아다녔다. 우리나라에서 유명하다는 대학병원의 의사 선생님들께 진료받았지만, 매번 원인과 치료의 방법을 다르게 이야기했다. 진료 때마다 희망을 걸었고 열심히 치료받기 위해 노력했지만 헛수고였다. 상태는 점점 악화됐다. 내가 왜 아픈지조차 정확히 알 수 없어 절망했다.

축구팀 트레이너로 일하는 친구에게 우리나라 최고의 족부 의원을 소개받았다. 의사 선생님들마다 자신의 전공 분야가 따로 있었다. 소개받은 족부 의원은 발목에 있어서는 우리나라 최고의 스페셜리스트였다. 대학병원에서 교수를 역임하다 막 개원을 하신 분이셨다. 이곳에서도 병의 원인을 알 수 없으면 포기하겠다고 마음먹었다.

강남에 있는 병원에 도착했다. 병원에는 축구 선수들의 사인이 담긴 액자가 곳곳에 걸려있었다. 선생님께 수술받은 축구 스타들이었다. MRI, CT, 엑스레이, 방사능 검사 등을 받았고, 추가로 몇 가지를 더 진행했다. 하루에 모든 검사 결과를 다 받아볼 수 있으면 좋았겠지만, 그럴 순 없어 몇 번이나 병원을 방문해야 했다. 빨리 원인을 찾아 고통을 벗어나고 싶었다. 시간은 속절없이 흘렀다.

"저는 과학자입니다. 인과관계가 있는 현상에 대해서만 이야기할 수 있어요. 그런데 이종찬씨의 발목에 대해서는 인과관계를 발견할 수가 없어요. 현대 의학이 치료할 수 있는 병이 생각보다 많지 않아요. 우리가 고혈압을 고칠 수 있습니까, 아니면 당뇨를 고칠 수 있습니까. 잘 유지하며 살 수 있게 도와주는 게 현대 의학의 역할입니다. 이종찬씨도 앞으로 몸을 잘 관리하면서 사세요. 그 방법뿐입니다."

결국 돌아온 대답은 '병의 원인을 모른다'였다. 아! 결국 원인을 알 수 없는거구나. 오히려 마음이 편안해졌다.

"그런데 열두 해 동안 혈루증을 앓아 온 여자가 있었다. 여러 의사에게 보이면서, 고생도 많이 하고, 재산도 다 없앴으나, 아무 효력이 없었고, 상태는 더 악화되었다. 이 여자가 예수의 소문을 듣고서, 뒤에서 무리 가운데로 끼여 들어와서는, 예수의 옷에 손을 대었다." (막 5:25-27)

'여러 의사에게 보이면서 고생도 많이 하고 재산도 없앴으나, 아무 효력이 없었고,' 원인불명의 병을 앓고서야 병든 이들의 마음을 이해할 수 있었다. 현대의학으로 완치가 불가능하다고 하니, 내게 남은 방법은 예수님의 옷자락에 손을 대는 일 뿐이었다. 혈루증을 앓는 여인이 고침을 받았듯, 나에게도 기적이 일어나기를 바랐다. 수년간 열심히 기도했다. 주님께서 신비로운 방식으로 몸을 낫게 해주시리라고 믿었다. 신비로운 체험을 통해 병에서 자유롭게 되신 분들의 이야기를 들어왔기에 나도 희망을 걸었다. 병은 나아지지 않았다. 기도하고, 절망하고, 포기하기를 수년 동안 반복했다.

극복하려는 의지

20대에 꼭 이루고 싶은 버킷리스트가 있었다. 2000년대 초반은 세계 일주 열풍이었다. 그중 자전거 무전여행을 했던 한 여행자의 글이 마음에 남았다. 자전거 뒤편에 산더미 같은 짐을 싣고 여행하거나, 러시아의 한 가정에서 숙박한 이야기가 머릿속에서 떠나지 않았다. 사고당한 발목을 위아래로 움직여봤다. 걸을 때마다 살짝 다리를 절었는데, 30분 정도 걸으면 걷지 못할 정도로 절뚝였다. 때론 2~3일간 걷지 못하기도 했다. 심지어 버스 지나가는 소리만 들어도 소스라치게 놀랐다. 차량에 탑승하여 이동하다가도 창문 너머로 버스가 지나가면 움찔거렸다. 심지어는 TV 속에 등장하는 버스의 모습에 채널을 돌리기도 했다.

자전거를 사기로 결심했다. 2009년, 아버지께서 로또 3등에 당첨되셨다. 당첨금은 100여만 원 남짓, 큰 금액은 아니었지만 갑작스러운 행운에 가정의 분위기가 변했다. 로또에 당첨되신 분은 아버지지만, 당연히 당첨금은 어머니의 몫이었다. 어머니의 마음이 평안해야 가정이 화목한 법이다. 당당하게 어머님을 찾아가 말씀드렸다.

"엄마, 이번 로또 당첨금으로 자전거 사주시면 안 돼요?"

부모님은 기겁하셨다. 자전거를 타다가 교통사고를 당했으니까. 내가 병원에 입원한 4개월 동안, 어머니는 처음으로 한 자녀 가정이라는 사실을 후회하셨다고 했다. 그만큼 나를 아끼셨지만, 자식 이기는 부모는 없다고 했다. 자전거 헬멧부터 찾으시던 어머니의 모습이 아직도 눈에 선하다. 이태리제의 자전거 유니폼도 얻어 입었다. 자전거에게 나를 가장 닮은 성경 인물의 이름을 따 제이콥이라는 이름을 지어주었다.

의식적으로는 '다시 자전거를 탈 수 있다'라고 수도 없이 되뇌었지만, 몸이 말을 듣지 않았다. 돌발상황에 몸이 먼저 반응하니 자전거에서 자주 넘어졌다. 의식으로는 이겨내려고 했지만, 무의식은 자전거를 거부했다. 어느 정도 익숙해지고 나니 교통사고 후유증인지, 오른쪽 엄지발가락과 검지발가락 사이의 신경에 종양이 생겨 마치 돌이 찌르는 듯한 통증을 느꼈다. 지간신경종이었다. 어쩌면 사이클링을 두려워하는 무의식의 소행이었을지 모른다. 지간신경종이 생긴 곳은 정확히 자전거 패달을 밟을 때 압박을 주어야 하는 곳이라 통증을 참으며 패달을 밟았다. 30분 정도 자전거를 타면 발이 저려 쉬어야 할 정도였다. 시간이 지나 교통사고에 대한 기억이 옅어질수록 자전거 위에서도 자유로워질 수 있었다.

자전거 국토 종주를 계획했다. 세계 일주는 못하더라도 국토 종주는 해보고 싶었다. 하지 않으면 평생 후회할 것 같았다. 불확실한 요소가 너무 많아 위험부담이 컸다. 함께 할 파트너가 필요했다. 체대 나온 친한 동생을 끌어들였다. 2017년 8월, 아무런 준비 없이 자전거와 몸뚱이 하나를 가지고 국토 종주에 도전했다. 서울에서 부산까지 600km의 여정이었다.

함께하는 일

도와주는 사람이 있지만, 내가 바로 서 있지 못하다면 아무도 나를 도와줄 수 없다. 내 자전거의 페달은 내가 밟아야 한다. '빨리 가려면 혼자 가고 멀리 가려면 함께 가라.' 쉽지 않은 여정이다. 함께 하는 이들이 없다면 결코 멀리 갈 수 없다. 여정을 함께 했던 동생들로부터 큰 힘과 위로를 얻었다. 혼자서는 결코 하루 12시간 이상 안장에 앉아있지 못했을 것이다.

신앙은 함께 큰다. '혼자 조용히 신앙 생활하면 되지, 대체 왜 교회를 나가야 하느냐?'고 물으시는 분들이 있다. 물론

야곱의 뜨거운 이야기

구원은 개인적인 문제이다. 하나님과의 일대일 관계가 회복되어야 하기 때문이다. 하지만 구원받은 이후, 하나님 나라의 구성원으로 살아가는 문제는 다르다. 함께하지 않으면 멀리 갈 수 없다. 나를 초월하여 그분께 다가가기 위해서는 공동체가 필수적이다.

우이천, 중랑천, 한강을 포함한 4대강을 따라 자전거 여행을 시작했다. 우리나라가 이토록 아름다웠는지 자전거 여행 전까진 미처 알지 못했다. 끝없이 이어진 자전거 도로, 도로를 감싸 안은 산과 들, 그 사이로 뉘엿뉘엿 지는 석양을 입 벌린 채 바라보았다. 국토 종주를 하는 모든 이들이 친구였다. 종종 상행하는 분들을 만날 때마다 "안녕하세요." 인사했다. 인사가 활력을 더했다.

충주의 어느 강변을 지켜보던 한 청년은 동료로 합류했다. 부산 서부시외버스터미널에 도착했을 때의 감동을 잊을 수 없다. 부산에서 머무를 수 없어 땀투성이가 된 몸으로 버스에 올랐다. 3박 4일간 정들었던 자전거들은 나란히 짐칸에 누웠다. 주님께 감사드렸다. 함께라면 무엇이든 할 수 있다.

마지막까지 끝난 게 아니다

무리해서 부산에 입성했다. 성취를 느낄 틈도 없이 서울

행 버스에 올랐다. 끝이었다. 버스를 타고 올라오는 내내 해냈다는 성취감에 취해 긴장이 풀렸다.

서울에서 지하철을 타려는데, 역무원이 막았다. 평일에는 자전거를 가지고 지하철에 탈 수 없단다. 끝날 때까지 끝난 것이 아니었다. 자전거 도로를 따라 마지막 30km를 페달질해야 했다. 그때의 피로감은 평소와는 차원이 달랐다.

동료의 자전거가 펑크 났다. 늦은 밤이라 자전거 점포는 모두 닫은 상황. 자전거를 수리할 방법이 없어 발을 동동 굴렀다. 동료의 자전거는 버스에 탑승할 수 있는 접이식 미니 벨로였다. 겨우겨우 버스에 탑승한 그는 나를 떠나갔다.

혼자만의 마지막 싸움이 시작됐다. 30km의 남은 거리를 달리는데 2시간 넘게 걸렸다. 국토 종주의 하이라이트는 도전의 시작도, 4대강에서 만난 이국적인 풍경도, 600km의 완주도 아니었다. 마지막 30km에서의 깨달음이었다. '모든 일은 아무 문제 없이 내가 생각한 대로 흘러가지 않는다.'

세상은 우리가 상황을 통제해야 한다고 가르친다. 삶을 통제하기 위해 공부를 하고, 좋은 대학을 나오고, 안정적인 직장에 들어가고, 경제적인 자유를 누리기 위해 노력한다. 하지만 실제로 삶은 그렇지 않다. 아무리 통제하려고 해도 결국에는 인간 능력 밖의 일이 발생한다. 오히려 예수님을 따른다는 것은 통제할 수 없는 상황으로 존재를 내던진다는 의미이다. 통제할 수 없는 상황 이면에 계신 하나님을 받아들인다는 뜻이다. 하나님의 의지에 따라 상황을 통제하시며, 그분께서 이끄시는 곳으로 따라간다는 의미이기도 하다.

자전거 국토 종주 이후, 지간신경종이 악화하여 3개월간 제대로 걷지 못했다. 삶을 통제할 수 없다는 교훈을 몸소 체험한 것에 비하면 괜찮은 비용이었다. 내 삶을 나보다 더 잘 통제해 주시는 분이 계신다. 삶의 주인은 내가 아니다. 예수님이다.

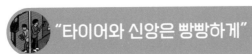
"타이어와 신앙은 빵빵하게"

수술실로 들어가신
아버지를 기다리며

▶ ▶| ◀))

아버지의 건강이 악화되었다

사랑하는 사람이 위중하면 미리 상실을 생각하게 된다. 부모님일 경우에는 더욱 그렇다. 아버지의 건강이 악화되셨다는 소식을 들었을 때 내 존재의 근원이 흔들리는 기분이었다. 영원히 내 곁을 지켜주시리라 믿었는데. 착각이었다.

서른여섯에 나를 낳으셨으니, 내가 기억하는 아버지의 첫 모습은 아마 40대 초반쯤일 거다. 아버지의 모습은 늘 청춘이었다. 퇴근하시고 현관문으로 들어오시던 모습이 아직도 선하다. 은색 스테인리스 철제에 밖이 보이지 않는 반투명 유리로 덧댄 현관문이 끼-익하고 열리면, 나무로 된 마룻바닥을 쿵쾅거리며 달려가 아버지에게 안겼다.

독립은 착각일지도 모르겠다. 부모님의 노쇠한 모습을 목격한 이후, 부모님께서 세상을 떠나시면 의지할 곳이 없어지리라는 두려움이 잠식해 온다. 정체성의 뿌리는 그분들께 있음을 깨닫는다. 이 세상에 덩그러니 혼자남는 최악의 상황을 떠올렸다. 나도, 나의 세계도 영원할 수 없다.

아버지는 건강과 거리가 먼 인생을 사셨다. 담배와 TV가 가까운 친구이자 취미였다. 젊을 때는 팔굽혀펴기나 턱걸이도 곧잘 하셨지만, 나이가 드시면서 운동하시는 모습은 보기 어려웠다.

아버지와 깊이 있는 대화를 나눈 기억은 없다. 나는 집에 오면 TV가 있는 거실을 지나 내 방으로 들어갔다. 아버지께서 TV를 친구 삼아 소파에 앉아있는 모습은 외로워 보이기까지 했다. 굳게 문을 닫고는 각자만의 시간을 보냈다. 유교적이고 가부장적인 문화를 가진 대한민국에서 아버지와 아들 사이의 직접적 소통이 있는 부자 관계는 극히 드물다. 아버지는 분명한 아버지만의 생활 방식이 있었고 나도 분명한 나만의 생활 방식이 있었다. 그 아버지에 그 아들이다.

감정적 교류나 소통에 비해 아버지와의 관계는 항상 좋았다. 내 주변의 친구들은 아버지와의 관계가 어색하다고 했다. 그에 비해 나는 아버지께 불만을 가져본 기억이 없다. 왜일까? 돌이켜보니 아버지의 모습 이면에 자상함이 있었다. 겉으로 보이는 모습은 그저 전형적인 가부장적 한국 남성이었다. 무뚝뚝했고 사랑을 표현하기보다는 권위적이었다. 그런

207

데 이면에 알 수 없는 따뜻함이 있었다.

무뚝뚝해도 아버지는 우리 집의 주방보조이자 설거지 전담이다. 식사를 마치면

"설거지 하지 마. 아빠가 할게."

라고 차분히 말씀하신다. 며느리가 들어와도 설거지는 시키지 않으신단다.

어머니는 기도 중에 아버지의 건강이 적신호라는 응답을 받으셨다. 신비로운 일이다. 어머니의 강력한 권유로 아버지께서는 건강검진을 받으셨다. 건강관리를 안 해온 사람에게 건강검진은 두려울 수밖에 없다. 혹여나 숨겨진 병이 발견되지는 않을까 노심초사하셨는데, 어머니는 추가 요금을 지불하시면서까지 정밀검사를 요구하셨다. 아버지의 소심한 반항이 있었지만, 곧 잠잠해지셨다. 승자는 언제나 어머니였다.

아버지는 위중했다. 폐가 제 기능을 하지 못했고, 혈관질환과 암도 발견됐다. 세 가지 중병이 동시에 아버지를 찾아왔다. 병과 동행하고 계셨다는 표현이 맞겠다. 세 가지 중병을 모두를 동시에 치료할 수 없어 한 가지씩 치료해 나아가야 했으니, 장기전이 될 게 뻔했다. 목회자로서 위로를 해야 할지 아니면 웃으며 넘겨야 할지, 부모님을 즐겁게 해드려

야 할지 기도를 해드려야 할지 갈피를 잡을 수 없었다. 그대로 받아들이기 힘들어 외면했다. 아무리 설득하고, 생각하고, 곱씹는다 한들, 빠르게 받아들일 수 없었다. 시간이 필요했다.

어머니는 식단부터 바꾸셨다. 외동아들이 고기와 인스턴트를 좋아하는 탓에 매번 식탁에는 육류나 햄 따위가 올라오곤 했는데 어느새 야채와 생선이 올라왔다. 먹고 마셔야 할 약과 음료도 늘어났다. 매일 마시고 있지만 아직도 건강 음료가 어떤 성분인지는 모른다. 그저 어머니께서 원하시니 마실뿐이다. 외세의 위협이 닥쳐왔을 때는 중앙집권이 효과적이다.

아버지께서도 50년지기인 담배와 곧장 결별하셨다. 담배는 끊는 것이 아니라 평생을 참는 것이라는 이야기를 들었다. 그리고는 하루에 만 보 이상씩 걷기 시작하셨다. 운동과는 담쌓고 지내오신 아버지에게 청신호였다. 식탁과 운동, 생활 습관, 모든 일상이 바뀌었다. 독한 마음을 먹지 않으면 습관은 바뀌지 않는다. 집안이 하나씩 바뀌는 걸 보니 긍정적인 변화가 예상되었다.

"죽고 사는 것이 혀의 권세에 달렸나니 혀를 쓰기 좋아하는 자는 그 열매를 먹으리라"(잠 18:21)

아버지께 건강하실 수 있다고 확신을 되뇌어 드렸다. 긍정적인 이야기를 하며 힘을 북돋웠다. 아버지의 생활 습관이 변했으니 이제 건강해질 일만 남았다고 가족들 앞에서 계속 말했다. 조잘거리듯이 말했다. 온 가족이 노력하지만 병을 치유하는 과정은 절대 평탄하지 않다. 몇 번의 수술과 고통스러운 재활을 해야 하고, 정기적으로 검진을 받는 일련의 과정은 오롯이 아버지 혼자 감당하셔야 했다. 결과는 예측할 수 없었다. 인간이 가진 합리로는 모든 인과관계를 다 파악할 수 없다.

진인사대천명 (盡人事 待天命)
인간으로서 해야 할 일을 다 하고 하늘의 뜻을 기다린다.

하나님께 결과를 맡기고 인간이 할 수 있는 최대한의 노력을 하는 외엔 별다른 방법이 없었다. 두부 한 모만한 뇌로 우주의 신비를 모두 밝힐 수 있다는 믿음은 오만이다. 겸손할 수밖에 없고, 겸손은 하나님을 붙들게 한다.

수술 전 아버지에 대한 생각
아버지의 세 번째 수술 날이었다. 그동안 두 번의 암 수술을 이겨냈고, 이제 대동맥에 스탠스를 삽입하기로 했다. 이미 몇 주 전부터 어머니는 아버지의 수술을 대비해 스태미나 음식 공격을 시작했다. 우리는 열심히 음식을 받아먹었다. 장어를 자주 먹었는데, 나는 생선비린내를 아주 싫어한다. 장어 가시가 입에 걸리기만 해도 입맛이 사라졌다. 불평하지 않았다. 아버지께서 이 위기의 순간들을 잘 견디고 넘어가는 것이 중요하지, 사실 음식이 무슨 대수랴.

아버지를 모시고 입원 수속을 밟았다. 세 번째이니 익숙했다. 사실 나는 옆에 서 있기만 했다. 아버지께서 능숙하게 수속을 진행하셨다.

병동으로 이동한 이후에는 간호사와 면담했다. 평소 복용하던 약에 대한 정보, 키와 몸무게, 신체적 특이사항에 대한 간략한 조사를 마쳤다. 아버지께서 드시던 약을 반납했다. 병원 측에서 끼니때마다 챙겨준다고 했다. 병실과 침대를 지정받고 환자복으로 환복하셨다. 수술만 남았다.

"더 이상 병실에 두 명이 있을 필요 없다."

집으로 돌아가라고 하셨다. 못이기는 척 집으로 돌아왔다.

다음 날 새벽같이 병원을 찾았다. 정확한 수술 시간을 알 수 없었다. 답답했다. 앞의 수술이 끝나면 순차적으로 들어가야 했다. 다행히 순서는 알 수 있었는데, 두 번째였다. 예상 수술 시간은 오전 8시 10분이었다. 하지만 수술은 항상 길어지기 마련이더라. 아마 10시는 되어야 아버지의 차례가 돌아오지 않을까?

아버지에 대해 생각했다. 아버지께서는 유교와 불교에 조예가 깊으셨다. 집안의 영향도 있었다. 큰어머니께서 돌아가시기 전까지는 일 년에 몇 번씩 제사를 지내곤 했다. 친가에서 내 종교와 직업을 배려해주셔서 제사상에 절을 하거나 제사 음식을 준비한 경우는 없었다. 모두 제사상 앞에 절을 할 때 혼자만 묵묵히 서서 기도하는 것이 매우 민망했다. 그때마다 가족들을 위해 기도하려 애썼다. 그러던 아버지께서 언젠가부터 교회에 나오기 시작하셨고, 최근에는 본인 자신도 크리스천이라고 생각하셨다. 입원서류를 작성할 때도 종교를 묻는 간호사의 질문에 기독교라고 유쾌하게 답하셨다. 가족들과 식사 자리에서 하나님과 예수님의 관계 즉, 삼위일체에 관해 이야기를 했던 적 있다.

"아, 그 양반이 그 양반이지."

그 양반(하나님)이 그 양반(예수님)이라는 말씀이셨다. 신앙고백이다. 그리고는 겸연쩍은 표정으로 대화를 피하셨다.

아버지께서 하나님의 존재를 인정하셨지만, 어째서 예수님께서 하나님인지에 대해서는 이해되지 않는다고 하셨다. 진솔한 고백이있다.

아버지를 위한 기도

아버지는 내 설교를 좋아하신다. 설교의 내용까지 좋아하시는지는 모르겠다. 그저 아들이 설교하는 모습을 좋아하시는 게 아닐까. 설교 중에 개인적인 감정과 생각을 내비치는 것은 불편해하셨다. 아마, 설교자가 강단에서 개인적인 이야기하는 것을 좋아하지 않으시나 보다. 웅변하듯 설교할 때는 매우 좋아하신다.

"오늘 설교 잘했어!"

라고 피드백해 주신다. 유튜브로 내 설교와 영상을 꼼꼼히 모니터링하시는 듯했다. 가끔 아버지께서 칭찬해 주지 않으실 때는 '내가 무언가 잘못 설교했나?'하며 고민한다. 타인의 칭찬은 '그저 지나가는 말이겠거니' 생각한다. 그 때문에 아버지의 칭찬을 은근히 기다리는 내 모습이 낯설 때가 있다.

병원에서 아빠와 아들 사이에 처음으로 손을 잡고 기도했다. 아직도 잊을 수 없다. 수없이 많은 사람을 위해 기도해왔지만, 아버지와 함께하는 기도는 36년 만에 처음이었다.

"내가 아빠를 위해 기도해도 될까?"

병상에서 아버지는 고개를 두 번 끄덕이셨다. 어색했다. 긴장했는지 말이 잘 나오지 않았다. 어떤 기도를 해야 할지 떠오르지 않았다. 아버지와 아들 사이에는 분명 어색함도 존재했다.

수술실로 내려가 담당 의사의 진단을 들었다. 의사 선생님들은 보호자의 눈을 보고 이야기하지 않았다. 최대한 담담하게, 최악의 순간을 이야기했다. 대동맥에 스탠스를 삽입하다가 출혈이 발생하면 응급 상황이 올 수 있다고 했다. 응급상황에는 개복하겠다고 말씀하셨다. 의사 선생님은 미안하셨는지, 가족들을 위로하기 위해 긍정적인 통계 자료를 제시하셨다. 병원 개원이래 수십 년 동안 대동맥 수술을 하다가 응급 상황이 발생한 경우는 없었다고.

기다림의 시간이었다. 현실을 잊기 위해 기도도 하고 휴대폰에 집중도 했지만, 시간은 더디 간다. 수술 시간은 지연되고 언제 끝날지 짐작할 수 없었다. 어머니께 전화로 소식을 전하며 수술에 대해 자세히 설명해 드렸다. 의사에게 들었던 '응급 상황이 발생한 경우는 없었다.'를 통화 말미에 꼭 덧붙였다. 어머니의 불안을 덜었다. 연세가 들면 작은 불안에도 크게 움츠러든다고 한다.

아버지의 뒷모습

수술 전, 들고 온 카메라로 아버지의 뒷모습을 여러 장 찍었다. 병원복을 입고 링거를 꽂은 채 복도를 거니시던 아버지의 뒷모습. 아버지의 등이 작아졌다. 세월은 무상하지만 결국은 흐른다.

아버지의 뒷모습은 작고 초라해졌다. 아버지는 건강과 열정, 삶을 소진하며 가정을 지켰고 자녀를 키워내셨다. 부모님께서 가정을 위해 어떤 희생을 하셨는지 부모가 되어보지도, 가정을 이루어보지도 못한 나는 이해할 수 없다. 하지만 부모님의 희생을 통해 내가 성장했다는 사실은 안다. 아버지 덕분에 아들의 등은 넓고 강인해졌다.

"내가 진정으로 진정으로 너희에게 말한다. 밀알 하나가 땅에 떨어져서 죽지 않으면 한 알 그대로 있고, 죽으면 열매를 많이 맺는다." (요 12:24)

누군가의 성장은 희생을 담보로 삼는다. 혼자 자라온 사람은 없다. 자수성가만큼 어리석은 생각도 없는 법이다. 신앙도, 몸도, 마음도, 심지어 능력도 누구의 희생 위에 자란다.

사색과 기도로 3시간이 흘렀고 수술실 앞에서 보호자를 찾는 의사 선생님이 보였다. 의사 선생님은 수술실 안까지 나를 데리고 들어가셨다. 아직 피를 흘리며 누워 계신 아버지의 모습이 보였다. 수술실 밖에서 모니터를 통해 피가 잘 통하는 혈관을 지켜본다.

다행히 응급상황 없이 무사히 마무리되었다. 혈관이 풍선처럼 부풀다가 터져서 내장 쪽에 출혈이 일어나는 응급 상황이 발생할 수 있었지만, 스탠스를 삽입해 혈류가 안정적으로 흐르게 했다. '감사합니다'라는 인사가 연거푸 나왔다. 앞으로도 CT를 통해 수술 경과를 지켜봐야 하지만 아버지 건강에 큰 위험은 없다고 하셔서 안도했다. 수술은 무사히 끝났고 중환자실로 들어갔다. 무탈하게 아버지를 회복시켜 주신 하나님께 감사드렸다. 그리고 아버지와의 관계도.

"부모님과 신앙에 대해"

새로운 시작:
유튜브 접습니다

    많은 사람을 만나고 다양한 일을 했다. 그만큼 여러 가지 감정들을 느낀다. 기쁨과 슬픔, 충만함과 공허함, 환희와 절망. 무수한 감정이 너무나 쉽게 교차한다. 때로는 괜히 만났다 싶은 사람도 있었다. 나의 가치를 낮게 보거나 예의 없게 대하시는 분들도 계셨다.

    상한 마음으로 주님과 독대한다. 조용히 성경을 펼치고 큐티를 하다 보면 마음속 깊은 곳에서 기쁨이 솟구쳐 오른다. 가야 할 길이 있다는 것. 해야 할 일이 있다는 것. 나와 함께 해주시는 분이 계신다는 것. 하나님께서 허락해 주신 시간과 공간 속에서 복음을 구현한다고 여기니 모든 것은 과정일 뿐임을 깨닫게 된다.

    오직 하나님께서 허락해 주신 비전을 통해서만 우리를 성장시키는 자양분을 공급받는다. 희로애락의 과정을 통해 예수님을 닮은 사람으로 완성된다고 생각하니, 누군가에게 이용당해도 기분이 나쁠 이유가 없다. 기분 나빠할 것도 없다. 자기연민을 가질 필요도 없다. 결과에 연연할 필요도, 질투심에 사로잡힐 이유도 없다.

2022년 한 해는 자가 복제식 영상들이 대부분이었다. 새로운 도전에 게을렀다. 너무 바빴기 때문이다. 교회는 점점 성장하고 (새신자 심방도 힘들 정도니), CTS에서 하는 《청년백서2》의 MC를 맡게 되고, 강의와 설교가 쉴 새 없이 들어왔다. 책도 써야 했다. 방학이 되면 한 달에 50여 개의 수련회에서 요청이 오기도 했지만, 정중히 거절하기 일쑤였다.

자연스럽게 유튜브에 쏟는 에너지가 줄어들었다. 한 달에 1~2개의 영상을 만들기도 급급했다. 당장 급한 스케줄을 모두 처리하고, 밤늦게 컴퓨터 앞에 앉으면 마음은 원이로되 육제가 따라가지 못했다. 온몸으로 일을 거부하는 자신을 보면서 슬럼프가 올 정도였다.

'이런 상황에서는 사람을 고용하던가, 유튜브를 포기하는 수밖에 없다. 재정적인 부분이 어려우니, 이제 유튜브를 그만해야 하나 보다.'

상반기 내내 이러한 생각이 떠나질 않았다. 나의 상황과 환경을 보면 유튜브를 정리해야 했다. 마음은 굳혔다. 그런데 여름 수련회 저녁기도회 때에 내 마음속에 이상한 음성이

들리기 시작했다.

"지금까지는 유튜브를 하나의 작은 교회로 생각한다고 호언장담하더니, 상황이 조금 어렵다고 도망갈 생각부터 하니?"

충격이었다. 나에게 제 1 교회는 벧엘선교교회 청년부이고, 제 2 교회는 구독자들이라고 3년 동안 이야기해왔다. 나는 작은 교회의 전도사에 불과했다. 유튜브를 통해 복음과 사람에 대해 배웠고, 성장해왔다. 유튜브를 통해 복음을 표현하는 방법에 대해 배웠고, 이를 견고하게 다져왔다. 구독자분들의 성원과 사랑이 없었다면 올 수 없는 길이었다. 그런데 그 길을 너무나 쉽게 포기하려 했다.

다시 한번 마음을 다잡아 도전하기로 했다. 경제적 문제는 주님께 맡기고, 직원을 고용하기로 했다. 프로덕션을 설립하여 경제적 이익과 상관없이 복음을 표현해보기로. 주님이 주인이시면 길을 마련해 주실 것이고, 사람이 주인이라면 망할 것이다. 방법을 마련해주시면 주님과 동행할 수 있으니 기쁘고, 실패하면 좋은 경험이니 기쁘다. 새롭게 복음을 표현하는 길로 나아가려고 한다. 다시 한번, 힘을 내 주님과 걸어보기로 했다.

예수께서 다가와서, 그들에게 말씀하셨다.

"나는 하늘과 땅의 모든 권세를 받았다.

그러므로 너희는 가서, 모든 민족을 제자로 삼아서,

아버지와 아들과 성령의 이름으로 세례를 주고,

내가 너희에게 명령한 모든 것을 그들에게 가르쳐 지키게 하여라.

보아라, 내가 세상 끝 날까지 항상 너희와 함께ㅌ 있을 것이다."

마태복음 28장 18-20절

초판 1쇄 발행 2022년 11월 30일

지은이 이종찬
펴낸이 김영근
편집 김영근, 김혜인
마케팅 김영근, 김혜인
일러스트 김태균
디자인 김영근
인쇄 팩토리B
펴낸곳 마음 연결
주소 수원시 권선구 매송고색로 526 SG스퀘어 401, 402호
이메일 nousandmind@gmail.com
출판사 등록번호 251002021000003
ISBN 979-11-978445-3-9
값 16000원